《读者》人文科普文库·"有趣的科学"丛书

WANSHI JIESHI JINGJIXUE

万事皆是经济学

《读者》（校园版）编

甘肃科学技术出版社

图书在版编目（ＣＩＰ）数据

万事皆是经济学 /《读者》（校园版）编 . -- 兰州：
甘肃科学技术出版社，2021.3（2021.8 重印）
ISBN 978-7-5424-2812-7

Ⅰ. ①万… Ⅱ. ①读… Ⅲ. ①经济学－青少年读物
Ⅳ. ① F0-49

中国版本图书馆 CIP 数据核字(2021)第 041337 号

万事皆是经济学

《读者》（校园版） 编

出 版 人	刘永升
总 策 划	马永强　富康年
项目统筹	李树军　宁 恢
项目策划	赵 鹏　潘 萍　宋学娟　陈天竺
项目执行	韩 波　温 彬　周广挥　马婧怡

项目团队	星图说
责任编辑	李叶维　韩 波
封面设计	陈妮娜
封面绘画	蓝灯动漫

出　　版　甘肃科学技术出版社
社　　址　兰州市读者大道 568 号　　730030
网　　址　www.gskejipress.com
电　　话　0931-8125103（编辑部）　　0931-8773237（发行部）
京东官方旗舰店　https://mall.jd.com/index-655807.html

发　　行　甘肃科学技术出版社　　　印　刷　三河市嵩川印刷有限公司
开　　本　787 毫米 ×1092 毫米　1/16　印　张　13　插　页　2　字　数　170 千
版　　次　2021 年 3 月第 1 版
印　　次　2021 年 8 月第 2 次印刷
印　　数　10 001~15 100 册
书　　号　ISBN 978-7-5424-2812-7　定　价：48.00 元

前　言

　　面对充斥于信息宇宙中那些浩如烟海的繁杂资料，对于孜孜不倦地为孩子们提供优秀文化产品的我们来说，将如何选取最有效的读物给孩子们呢？

　　我们想到，给孩子的读物，务必优中选优、精而又精，但破解这一难题的第一要素，其实是怎么能让孩子们有兴趣去读书，我们准备拿什么给孩子们读——即"读什么"。下一步需要考虑的方为"怎么读"的问题。

　　很多时候，我们都在讲，读书能让读者树立正确的科学观，增强创新能力，激发读者关注人类社会发展的重大问题，培养创新思维，学会站在巨人的肩膀上做巨人，产生钻研科学的浓厚兴趣。

　　既然科学技术是推动人类进步的第一生产力，那么，对于千千万万的孩子来说，正在处于中小学这个阶段，他们的好奇心、想象力和观察力一定是最活跃、最积极也最容易产生巨大效果的。

　　著名科学家爱因斯坦曾说："想象力比知识本身更加重要。"这句话一针见血地指出教育的要义之一其实就是培养孩子的想象力。

　　于是，我们想到了编选一套"给孩子的"科普作品。我们与读者杂志社旗下《读者》（校园版）精诚合作，从近几年编辑出版的杂志中精心遴选，将最有价值、最有趣和最能代表当下科技发展及研究、开发创造趋势的科普类文章重新汇编结集——是为"《读者》人文科普文库·有趣的科学丛书"。

这套丛书涉及题材广泛，文章轻松耐读，有些选自科学史中的轶事，读来令人开阔视野；有些以一些智慧小故事作为例子来类比揭示深刻的道理，读来深入浅出；有些则是开宗明义，直接向读者普及当前科技发展中的热点，读来对原本知之皮毛的事物更觉形象明晰。总之，这是一套小百科全书式的科普读物，充分展示了科普的力量就在于，用相对浅显易懂的表达，揭示核心概念，展现精华思想，例示各类应用，达到寓教于"轻车上阵"的特殊作用，使翻开这套书的孩子不必感觉枯燥乏味，最终达到"润物无声"般的知识传承。

英国哲学家弗朗西斯·培根在《论美德》这篇文章中讲："美德就如同华贵的宝石，在朴素的衬托下最显华丽。"我们编选这套丛书的初衷，即是想做到将平日里常常给人一种深奥和复杂感觉的"科学"，还原它最简单而直接的本质。如此，我们的这套"给孩子的"科普作品，就一定会是家长、老师和学校第一时间愿意推荐给孩子的"必读科普读物"了。

伟大的科学家和发明家富兰克林曾以下面这句话自勉并勉励他人："我们在享受着他人的发明给我们带来的巨大益处，我们也必须乐于用自己的发明去为他人服务。"

作为出版者，我们乐于奉献给大家最好的精神文化产品，当然，作品推出后也热忱欢迎各界读者，特别是广大青少年朋友的批评指正，以期使这套丛书杜绝谬误，不断推陈出新，给予编者和读者更大、更多的收获。

丛书编委会

2020 年 12 月

目　录

万事皆是经济学

岑　嵘

　　从我办公室的窗口能够眺望到不远处的运河，它和1000多年前一样繁忙，这就是著名的京杭大运河。京杭大运河是地地道道的经济学产物。在经济繁荣的时候，运河上的运煤船往来不断；在经济下滑的时候，运煤船则相对减少。这其中的逻辑是：发电量是经济发展最真实的指标，当运煤船减少时，发电量下降，说明工厂开工不足，制造业下滑。

　　这类现象只要留心其实随处可见。比如，河北省曲阳县是中国的雕刻之乡。随着跨国订单的增多，雕刻之乡已变成世界工厂。当石雕城里堆满了维纳斯、丘比特等西洋雕像时，那一定是因为世界经济复苏了。如果堆满了观音像或者石狮子，那就说明中国经济引擎强劲。

　　英国《经济学人》杂志曾经邀请读者发表观察经济的方法。最佳建议来自伦敦的一位投资分析师爱德华·里奇。他统计了谷歌上"黄金价格"的搜索量，把其作为经济信心的指标。当消费者信心骤降之时，金价的搜索量剧增（经济不景气，谁都想收藏点"硬通货"）；当人们重振信心，金价的搜索量就会缩减。

格林斯潘喜欢把纸箱的销量作为自己观察经济的指标；雅诗兰黛集团前总裁李奥纳多·兰黛则通过口红销量来研究经济……

1999 年，德意志银行证券驻香港分析师安德鲁·劳伦斯提出了摩天大楼指数，即通过摩天大楼完工与否来推断经济和股市的变化趋势。与此相似的是，2009 年，传奇对冲基金经理人休·亨得利从自己下榻的酒店房间向外眺望，观察到由无数楼顶上停放着巨大钢铁起重机的摩天大楼构成的天际线，由此推断出当地房地产泡沫的严重程度。

每一件事物都不是平白无故地来到我们身边的，它们或者本身就是经济的产物，或者发出强烈的经济信号，这其中也包括了我们人类自身的行为。这就是万物的经济学。

·摘自《读者》（校园版）2020 年第 19 期·

哈佛规则

武宝生

我每次到波士顿时，总要去哈佛校园转一转。

在哈佛校园，很少能看到谈情说爱的学生和眼不离手机的"低头族"，看到最多的，是树荫下默默看书、认真思考问题的年轻人和草坪上三五成群探讨课题的师生。

哈佛，给我印象最深的是图书馆特别多。据统计，全校有 100 多座图书馆。大多数图书馆的警语是："你要想获得新知识，就来好好看书；你若选择平庸，就去睡觉！"

有人建议我起个早，看看凌晨四点半的哈佛大学图书馆。

那天，凌晨四点半，我准时来到哈佛的一座图书馆。波士顿的凌晨四点半，依然是黑暗的。但是，哈佛的图书馆灯火通明。不少学子早早来到图书馆，静静地坐下来，开始刻苦读书学习。后来，我发现，哈佛所有的图书馆都亮着灯光，一天，两天，天天如此。

那天，当太阳升起时，我在校园大道上遇到了一个来哈佛读博士的天津学生。我也来自天津，于是我们有了共同语言。我与他一起慢跑，聊起哈佛凌晨四点半对我的震撼。可是，对方听了我的感受却不以为然。他说，勤奋刻苦是哈佛人的特征，但凌晨四点半起来读书的毕竟是少数，倘若将哈佛的精神说成是"凌晨四点半"，那就成笑话了！因为，比勤奋更重要的是"学习力"，就是学习的动力、学习的态度、学习的能力、学习的效率，最重要的是要具备创新思维和创造能力。他说，走进了哈佛，就是你选择了哈佛，而不是哈佛选择了你！

对方比我年轻许多，但他的话让我很受震动。他说，他来哈佛的第一天，导师就给他讲了哈佛的规则：自律，自律，再自律！具体讲，就是要求每一个学生为自己设计好长计划，做好短安排。长计划就是自己一生奋斗的事业；短安排就是每天要有每天的生活、学习日程，并且要雷打不动、不打折扣地严格执行。接着，他打开手机，给我看了他当天的日程安排。早上六点起床，晚上十点上床睡觉。中间，几点吃饭，几点听课，几点进图书馆，几点做作业，几点听"幸福课"，几点锻炼，睡前还要检查一天的安排收效如何。他的日程安排，条条有序，十分紧凑。我禁不住问："践行这样的安排，是不是太累太苦了？"他回答："人生有规划，日程有安排。要一丝不苟，认真执行。为整个人生设立好目标，由子目标构成总目标。这样，人生就连贯成一个流畅的过程，就成为一个不断成功的过程。有成功，就会有喜悦。于是，实现每天的程序，不是煎熬，而是一种很开心的享受过程。"

"对不起，我该去执行下一项计划了！"他看看表，向我告别。

人生没有奇迹，全靠自律。自律就是一种秩序和规则。

哈佛没有秘密，靠的就是自律，靠的就是规则。

·摘自《读者》（校园版）2020 年第 8 期·

如果兔子拼命奔跑，乌龟将如何自处

余亦多

　　我是一个有着"失败者"情结的人。小时候因为肥胖，体育课上在同学面前抬不起头；搬到大城市，因为口音以及内向的性格，成为全班男生的出气筒；到了高中，进入全省理科实验班，才知道有些学霸的智商是自己一辈子都无法企及的；初到美国，进入世界名校，看到身边一大波牛人，便陷入平庸的沮丧；好不容易挤到纽约华尔街，看到名校选出的 creamofthecrop，才开始面对自己综合能力的缺失；回到香港，身边很多投行同事的业务能力与交际能力远胜于我，只能在高压环境下苟延残喘；从乙方转到甲方开始做 PE 投资后，当跟索罗斯的儿子同桌斗智斗勇时，才深刻体会到"家学渊源"与"赢在起跑线"对一个人的意义……

　　有一位老师在我去斯坦福大学念书前赠给我一句话："到了那儿，不用指望成为牛人，但至少你知道大海有多宽，能看到牛人在做什么，就够了。"对乌龟来讲，兔子存在的意义在于，至少让它知道这个世界还有兔子的存在，以及兔子跑得有多快。

兔子的存在，能够让乌龟直面自己就是一只乌龟这个事实。有勇气面对真实的自己，才能准确定位自己，才能冷静地思考最适合自己的人生规划。而这，很多时候恰恰是最知易行难的事。

当樱木花道完成两万球的训练之后，他才知道流川枫有多厉害。因为在一次比赛中，他看到流川枫的一个中投，那个起跳，那个姿势，那个弧线，竟然是他训练中能想象到的最完美的画面。他很气，紧握拳头，又不甘心。他问教练："这只狐狸是从什么时候开始打篮球的？"安西教练说："你应该好好盯着流川枫的姿势，尽可能模仿他，然后用三倍于他的训练量训练，这样，你才有可能在高中阶段超越他。"

流川枫是那只兔子，幸运的是樱木大概也是。

李宗盛有一首歌，歌词是这样的："最近比较烦、比较烦、比较烦，我看那前方怎么也看不到岸，那个后面还有一班天才追赶，哎哟，写一首皆大欢喜的歌，是越来越难。"

中年危机都是这样的：前面比你牛的人一眼都望不到岸，后面一班天才比你有精力、比你聪明、比你学历高、比你国际化。而你，小孩成绩得操心，老婆吃秘书的醋也得操心，父母身体每况愈下，最可怕的是你头发越来越少、身材越来越胖。

困惑在于，比你有才的那个人比你还努力。

所以，我们能做什么？

如果你是个绝对的蠢蛋，那我只能说，请你尽量少认识这个世界，最好一辈子不要离开你生活的地方，有时候知道得越多越痛苦。当你看到那么繁华的城市、那么美丽的女孩、那么"高大上"的生活都与你无关的时候，更多的痛苦便会袭来。

如果你是个笨蛋，又不肯努力，那也请你少知道一点儿。

如果你不是个绝对的蠢蛋，又愿意努力，请你参考安西老师的那段话：

盯着那只兔子的每一个动作，能学多少学多少，然后以三倍于他的训练量训练。

兔子一定会打盹的，即使牛如牛顿，30岁之后也再无建树；也不是每个像科比一样的天才，都知道洛杉矶凌晨四点的样子。你知道洛克·李吗？他说："努力的天才也是天才。"

我曾经说过，勤奋可能是这个世界上最被高估的美德。但是对于一个毫无天赋的人来讲，可以依仗的就只有勤奋了。

如此，即便你还是追不上兔子，但你可以是乌龟里跑得最快的那一个。

·摘自《读者》（校园版）2018 年第 6 期·

瑞士银行的名头

张 希

19世纪前的瑞士，是一个极其贫穷的国家。男人们为了养家糊口，只得出国去当雇佣兵，用命换钱。谁都知道，这可不是什么好营生。

雇佣兵是要与雇主签合同的，当时的欧洲战争不断，瑞士雇佣兵能坚持到合同期满还活着的只有少数，绝大多数人战死沙场。虽说瑞士兵只是雇佣兵，纯粹是为了钱打仗，但他们颇有"契约精神"，作战勇敢，决不贪生怕死、临阵脱逃。这么看来，瑞士兵可是太"傻"了，命都没了，还谈什么合同？但瑞士雇佣兵偏偏就是凭着这一股"傻劲"打出了信誉。

16世纪时，奥地利哈布斯堡王朝入侵罗马，其他各国的士兵纷纷逃走，只有由雇佣兵组成的瑞士卫队坚持到了最后。

在为钱征战的数百年时间里，瑞士雇佣兵让瑞士人的忠实和诚信名扬天下。18 世纪中后期，各国的有钱人开始把自己的财产源源不断地送往这个贫穷的国度——他们相信能够用生命捍卫契约精神的瑞士人，肯定会保护好他们的财产。如今瑞士银行的储蓄额占全世界总储蓄额的1/3，瑞士的人均财富更是位列世界第一。这一切都得益于当初他们用生命铸就的诚信品牌。

·摘自《读者》（校园版）2018 年第 9 期·

穷孩子 VS 富孩子

【美】彼得·巴菲特

赵亚男　编译

　　我的一个朋友在纽约大学读书时，曾在儿童援助协会兼职。"我负责的小组大概有 12 个男孩，"我的朋友回忆说，"刚开始和他们相处时，我完全不知所措。我跟他们在一起的时间很少，每星期只有 8 到 10 个小时，我希望做的事情却很多。我急于了解他们在成长中所面临的困难，结果犯了一个错误：我原以为，他们所有的困难，都可以用贫穷来解释。他们的共同点就是贫穷，不是吗？"

　　"不过，在对这些孩子进行深入了解之后，我发现：有的孩子会亲昵地紧贴着我，我感觉他们比实际年龄小很多，这些孩子往往都没有父亲；

有的孩子会跟我保持一定的距离，并不完全信任我，他们往往来自吸毒和充满暴力的家庭；有些孩子仅仅把救援中心当做一个避难所，在这里他们可以静静地坐下来看书；还有一些好奇心受到压制且学习信心遭到破坏的孩子，已经形成了这样的观念：只有书呆子才看书；当然，还有一些滋事分子，这些孩子精力旺盛，总是挑战各种底线，看你敢不敢惩罚他们。"

几年后，我的朋友碰巧在曼哈顿一家著名的私立学校当了一段时间的老师，他任教的学校有一项特殊的托管项目，专门针对那些"成绩差的富学生"。他回忆说："这个项目专门针对那些出现问题的富家子弟。这些孩子已经被其他学校开除了，他们的父母为了给他们争取到入学的机会，每年需要支付 3 万美元。"

这些孩子的竞争环境发生了怎样的偏差？从经济角度来讲，他们很明显处于有利位置。但为什么实际情况却并非如此？"富孩子、穷孩子，"我的朋友说，"我不再看他们的差异，而是开始关注他们的共同点。子女在贵族学校就读的孩子的家长往往更热衷于自己的事业和社会生活，少数人还是社会名流。他们的孩子很多都像是儿童援助中心里那些没有父亲的孩子一样脆弱、依赖性强，总是需要更多的关注和安慰。即使我连一句话都没说，那些被父母虐待或轻视的孩子，也常常发怒并且对我缺乏信任。当然也有的孩子挑战底线，总是处在被开除的边缘，那样的话他们的父母就又要为他们奔波了。"

如果我们把"享有优势"简单地与"拥有金钱"画等号，我们就掩盖了大面积的灰色区域，并忽视了很多其他因素。优秀的家庭教育可以克服（至少可以在一定程度上克服）那些由贫穷导致的困难。失败的家庭教育，则很容易将富有带来的所谓优势挥霍殆尽。你不能绝对地说某一群孩子比另一群孩子更快乐、好调教，或者更能活出最佳生活状态。

　　我朋友还有更多的感悟。他告诉我："从穷孩子那里，我学到了自我认同的奥妙——这种真正的震撼且鼓舞人心的神秘性格力量，使他们在任何情况下都无所畏惧。这种勇气从何而来呢？这些孩子是如何保持乐观心态的呢？从富孩子那里，我学到了另一个跟我相关的道理。在我开始从事这份工作时，心中有点愤愤不平，对班上的学生有一种憎恶感。我的父母可没有能力花3万美元送我到私立学校来，为什么这些孩子却可以？但是当我用心跟他们沟通后，我看到了他们的脆弱和痛苦。我意识到，我必须转变自己的态度。如果只是对不如你的人表示同情，那么这不是真正的同情。同情应该针对你能够给予帮助和理解的每一个人，即世界上的每一个人。"

·摘自《读者》（校园版）2012年第6期·

打碎"伦敦碗"

李良旭

位于伦敦市东区的那片土地，曾被伦敦人称为"城市的伤疤"。随着工业革命的迅猛发展，过去 400 多年来，这片土地已被重工业严重污染。这里 75％以上的土壤已经遭受汽油、石油以及重金属的重度污染。这里曾经水道污浊，厂房破旧，整个天空都被工业烟雾笼罩，空气质量很差，连小鸟都不愿意从这里飞过。

以 2012 年伦敦举办第 30 届夏季奥运会为契机，这片土地重新焕发了生机。伦敦奥组委专门成立了一个"土壤医院"，他们通过土壤生物技术，让这里的土壤再次得到利用。如今，多年堆积的工业废弃物消失不见了，树木、花草已经占领了这片土地。人们欣喜地发现，久违的水禽、飞鸟还有野兔，也在这里繁衍生息了。

　　能容纳8万人的伦敦奥运会主体育场"伦敦碗"，全部是"拼装"起来的。奥运会结束后，该体育馆将拆卸成一个只供社区居民使用的小型活动场所。从某种角度讲，伦敦奥运会后，"伦敦碗"将被"打碎"，它将永远不复存在了。它只属于历史，属于第30届夏季奥运会。

　　有记者疑惑地问伦敦市市长鲍里斯·约翰逊，如果奥运场馆"伦敦碗"不复存在，那本届奥运会的遗产不是少了许多吗？

　　鲍里斯·约翰逊听了，神色凝重地说道："真正的奥运遗产永远留在人们的记忆里，它会在人们心里闪耀璀璨的光芒，而不是以一个比赛场馆为标本。"

　　"伦敦奥运会后，被拆除的可循环利用座椅，比前4届奥运会加起来还要多。这些座椅，将被摆放在公园、路边、商场等公共场所，供游人、顾客休息，它们将发挥出巨大的作用，而不是沉睡在体育场馆里。如果保留'伦敦碗'，每年用于维护、养护、人员管理的费用，将是一笔巨大的开支，得不偿失。"

　　"伦敦碗"的遗产，一是创造出新的环保建筑方法，减少二氧化碳的排放，做好再生资源的利用，确保可持续发展；二是寻找机会，让伦敦市民行动起来，比如一周做4次运动的人可以增加到5次，一周1次运动都不做的人可以偶尔去去健身房，让更多的人参与到体育运动中来，提高人民的身体素质；三是不仅复兴了伦敦市东区，带动其他产业的兴起，而且推动英国经济走向繁荣。

　　鲍里斯·约翰逊最后说："最好的遗产，不是保留，而是将一种精神和快乐传承下去，深深地扎根于人民的心中，在人民心中开花、结果。"

·摘自《读者》（校园版）2013年第4期·

"读出来"的古巴雪茄

胡征和

古巴雪茄一直以它上乘的质量，为世界各国喜爱雪茄的人们所称道，一支上好的古巴雪茄可以卖到将近 300 元，这还不算是有年份的珍藏品。正因为如此，古巴的雪茄也成了古巴最重要的经济产品，是烟草界的奢侈品。

然而，令人不可思议的是，在机械化、现代化程度如此发达的今天，古巴雪茄依旧是人工卷制。

不过，更不可思议的是，在古巴的每一家雪茄作坊里，都有一名不从事卷烟工作的朗读者。以首都哈瓦那的一家雪茄卷烟作坊为例，一进门便是 54 岁的朗读者哈辛托的工位，这个工位就是一把椅子、一张桌子，桌子上支着一只话筒，戴着眼镜的哈辛托正聚精会神地朗读着。朗读者和卷烟工不一样，现在要胜任这个职位，要求大学本科的学历，有较强的文字处理能力，还要声音洪亮，太年轻也不行，还需要有一定的社会阅历。

据哈辛托介绍，古巴雪茄工厂里的朗读者由来已久。1865 年，雪茄工人出身的诗人萨图尼诺·马丁诺斯受监狱里为教化罪犯而组织朗读活动的启发，在费加罗雪茄工厂组织了首次朗读活动，从识字的雪茄工人中选出一个声音较好的工人代表朗读报纸上的文章，超过 300 个工人聆听了这次朗读。由于那时的雪茄工人 85% 是文盲，当听到报纸上的一些有趣故事或者新闻后，他们十分欣喜，这给他们打开了一扇通向外面世界的精神之窗，在某种程度上也激发了他们的工作热情。因此，作坊主也就默许了朗读者走进雪茄作坊。渐渐地，朗读者成了一种职业。不过，当初朗读者的报酬是由雪茄工人支付的。直到 1959 年，卡斯特罗执政后，朗读者才成为工厂的雇员，拥有了固定的工作时间和固定的工资。在没有麦克风等扬声器之前，朗读者的工位就设在卷烟工们的中间，他坐在一条高脚凳子上，手里捧着书报朗读，这样，整个工厂的工人都能听到他的声音。

朗读者的朗读内容多种多样。从一开始的读报，到后来的读经典名著——说到读名著，有趣的是，不少著名的古巴雪茄品牌都是以雪茄工人们喜爱的名著中的主人公来命名的，如国际著名的雪茄品牌蒙特克里斯托（MonteCristo）是以大仲马著作中的基督山伯爵命名的，而罗密欧与朱丽叶（RomeoJuliet）则取名自莎翁的同名经典。时至今日，朗读的内容已更加丰富，当日新闻、健康贴士、轶闻趣事和世界大事记，甚至工人们对近期的服务安排提出的要求等，也被加入朗读目录。现在的雪茄工人虽然仍是手工制作，但再也不是当初那种"两耳不闻窗外事，一心只卷雪茄烟"的与世隔绝的状态了。

有人曾发出疑问："朗读不会干扰工作吗？"根据古巴烟草业人士的权威调查，在没有机械噪音的安静环境中工作，工人们的劳动效率并不高，但伴着朗读者娓娓道来的故事，效率反而至少提高 3%。19 世纪末 20 世纪初，随着收音机和广播节目的出现，朗读者们非但没有失业，反而更受重视。2009 年，古巴政府已向联合国教科文组织提出申请，将雪茄工厂里的朗读者作为非物质文化遗产。目前，古巴全国的雪茄作坊里，还有 2000 多名朗读者。

在古巴人看来，古巴雪茄之所以能成为世界雪茄中的顶级消费品，不只是像一些人所说的是因为古巴所产雪茄烟叶的质量好，或是手工卷制的精细保留了雪茄某种独特的风味，它与朗读者洪亮温暖的声音所起到的抚慰人心、聚人心智、激发动力的精神妙用分不开。说古巴的雪茄是手工卷制的佳品固然没错，但要说古巴的雪茄是朗读者"读出来"的也丝毫不为过。

·摘自《读者》（校园版）2015 年第 12 期·

文学痛苦指数

岑 嵘

假如你是个作家，正在写一篇小说，不管这是本科幻小说还是动物小说，如果没有悲惨、痛苦、喜悦、快乐这些词，它就很难像一篇小说。

来自布里斯托大学和伦敦大学的研究者们做了一项有趣的调查，他们在谷歌上筛选了超过 500 万本的电子书，并且创造了一种"文学痛苦指数"。他们按照出版年份，将书籍内所有与痛苦有关的词语数量同所有与幸福有关的词语数量相减，就能得到该指数。

接着研究人员将"文学痛苦指数"与人们所熟知的"经济痛苦指数"（通货膨胀率与失业率的总和）进行比较后发现，某一年的"文学痛苦指数"与前 10 年内的"经济痛苦指数"的平均值密切相关。也就是说，如果在当年出版的书籍里面，有大量与"痛苦"有关的词出现，就意味着前 10 年内的经济形势相当糟糕。他们把这项研究发表在了《公共科学图书馆》杂志上。

如果研究人员碰上像莎士比亚这类天才作家，他们的研究可能会失效，因为在莎翁的作品中，即使天崩地裂的痛苦，他也很少直白地用"悲惨""痛苦"这类词语。莎士比亚是这样写奥赛罗的绝望的："你们问一问那个顶着人头的恶魔，为什么要这样陷害我的灵魂和肉体？"而哈姆雷特的仇恨和痛苦则是这样描写："从这一刻起，让我摒除一切的疑虑妄念，把流血的思想充满我的脑际。"

好在大多数作家把孤独、自由、迷茫、绝望这类词填充在作品里，让"文学痛苦指数"的关键词检索有了可能。

不少经济学家擅长从谷歌中搜索关键词，从而窥探经济的走向。谷歌首席经济学家哈尔·瓦里安在 2009 年表示，美国网民的搜索习惯表明，美国经济已开始出现复苏的迹象。瓦里安说，从 2009 年 3 月开始，谷歌用户搜索"失业救济金"或"就业中心"相关信息的数量开始出现下滑，而对"住房"和"房地产代理"的搜索量却有所增长，这表明美国经济尤其是房地产业正逐步升温。

《经济学人》创造的"衰退指数"也异曲同工，它专门追踪最近一个季度报纸使用"衰退"这个单词的数量。该指数的优势在于很及时，传统 GDP 数据要在每个季度结束 4 个礼拜才能发布，而"衰退指数"则可以立刻获得。该指数曾精确定位了美国从 1990 年到 2007 年之间衰退的起点。

有一点我很好奇，假如把"文学痛苦指数"的研究用于社会科学会怎么样？我怀疑如果一个时期的报纸、书籍大量出现"道德"这个词，则可能是一个社会道德指数最低的时期；如果报纸、书籍中出现频率最高的是"正义""廉洁"或者"和谐"，那么我们可能正处在一个缺乏公正、腐败和贫富分化严重的时期。

·摘自《读者》（校园版）2015 年第 2 期·

在热爱的事情上冒险

罗振宇

有一个小姑娘，她是做麻辣烫的，她希望把自己的店做成中国最著名的麻辣烫品牌，但她家里人不支持。她家里人想安排她去银行工作。

如果让我给这个姑娘和她的父母提个建议，我觉得做麻辣烫比在银行上班更有前途。为什么？如今满大街都是 ATM 机，银行底层的柜员们天天在那儿做着简单的收付工作，这部分追求效率的工作很快就会被互联网的浪潮淹没。连银行所在的金融系统都面临着一系列重大的转型危机。

可是做麻辣烫这件事就不一样了，做麻辣烫跟效率没有关系，它有的就是趣味。这种跟效率无关，仅仅跟个人口味、兴趣有关的生意，就可以永远做下去。更何况这个姑娘对做麻辣烫这么痴迷，没准儿真的就做成了。你不觉得她这一生将既有荣誉感，也会有社会地位，而且也不缺财富吗？

当一个人放弃追求效率，转而追求趣味时，反而越容易成功。

这得说到一个专有名词，叫"幂律"。幂律是什么意思？就是只要在一个系统里，所有的因素都在追求效率的时候，这个系统就会呈现一种非常不均衡的分布状态。

比如微博为什么会出现"大V"？就是因为我们所有人都想要跟他们有联系。现在微博就呈现这样一种生态，有上千万粉丝的"大V"们，他们的粉丝会越来越多。

而当这种生态固化之后，如果我是一个小人物，没有几个人关注我，就会一直没有人关注我。我在新浪微博上现在有20多万粉丝，想再往上涨是非常非常困难的，但是那些"大V"的粉丝量涨得就非常快，这就叫"幂律"。

幂律是人人都追求效率之后自然形成的一种结果。经济就是这样，为什么一旦出现太平盛世，渐渐地就会出现贫富分化？就是因为在安定的状态下，当每个人都在追求效率的时候，幂律就会出现，不均衡分布就会出现，这是一个经济学上的铁律。

而互联网时代让幂律这个魔鬼的作用力更大。多年前，一个唱歌唱得好的人很受欢迎，无非也就是搞几场全国巡回演唱会，对吧？可是现在，一个歌星一旦爆红，她的收入就会比稍差她一筹的明星多好几倍，这就是幂律的作用再一次显灵了。

那小人物该怎么对抗幂律？

很简单，就是从幂律产生的根源上去铲除它，不追求效率就好了。让每一个小群体靠兴趣、价值观、心灵的追求、趣味的表达整合起来，形成一个个小而美的商业形式。

其实，我既是在说国家宏观层面的选择，也是在说最具体的每一个人的选择。这个疾风骤雨般的趋势总是会扑面而来，说一句冷酷的话，总有人会被这个趋势淹没。所以，我们这一代人会迎来财富的海量增长，不会面临冻饿而死的危险，但是人生会变成灰色的悲剧，这对某些人、某些无法选择新的机会的人来讲，也许真的是无法避免的。

·摘自《读者》（校园版）2015 年第 22 期·

大妈来了，我们该闪人了

岑　嵘

　　我们常把"大妈入市"作为一个反向指标。大妈涌到金市抢购黄金，黄金暴跌了；大妈买入比特币，比特币崩盘了；大妈冲到股市，股灾来临了……人们习惯用"博傻理论"来解释这种现象：在资本市场中，投机者之所以完全不顾某样东西的真实价值，而愿意花高价购买，是因为他们预期会有一个更大的傻瓜会以更高的价格把它买走。而大妈们，往往会成为这个"击鼓传花"游戏中的最后一棒。

　　经济研究者普遍认为，大妈、菜篮族等人群的入市常常是股市的尾声。有一个广为人知的故事是这样的（我怀疑这个故事是杜撰的）——1929年，美国股灾发生前夕，肯尼迪总统的父亲在街上享受擦皮鞋的服务，擦鞋童一边干活一边和他谈论股市。老肯尼迪意识到，连擦鞋童都在谈论股票，股市一定到了非常危险的境地，于是赶紧出手股票。

然而有一个原因很少被提及，那就是大妈的入场本身就很容易造成恐慌和挤兑。

都柏林大学经济学教授摩根·凯利（曾准确预测了爱尔兰金融危机）在《美国经济评论》上发表了一篇论文《市场感染：从 1854 年到 1857 年的恐慌证据》，以爱尔兰裔的银行挤兑为例，用量化数据来说明"市场感染"和"羊群效应"是如何产生的。

纽约曼哈顿有一家叫作 EISB 的爱尔兰裔银行，在 19 世纪发生了两次大挤兑。1854 年的那次挤兑，是由于另一家爱尔兰裔银行因经营不善发生问题，在谣言和恐慌中，在两周内大约有 235 名客户（占客户总数的 39%）拥到 EISB 银行，把存款提走并注销了账户。而 1875 年的那次挤兑，则是由于传闻俄亥俄州信托公司倒闭以及一艘装有金条的邮轮沉没，EISB 完全被误伤，505 人（占客户总数的 48%）提领存款并注销了账户。

凯利把当时的客户资料输入电脑，运用回归分析，得出以下几个结论：存款余额越少的人越恐慌；开户期越短的人越容易挤兑；女性比男性有更明显的挤兑倾向；劳工阶级比专业人士更没有安全感；挤兑和地缘有密切关系。

我们把这个结论推广到股市，当暴跌发生或者有谣言传播时，最恐慌的应该是小散户（存款余额少）、新股民（开户期短）、女性股民，以及没有任何专业知识的"股盲"。

所以，当大量大妈股民（常常具备以上几个特征）入市后，稍有风吹草动，大妈就会选择夺路而逃。根据经济学家萨默斯等人的理论，大妈常常是不看基本面、只听小道消息的"噪音交易者"。她们在广场舞的间歇交流着各种小道消息，构成一个"信息网络"。当恐慌发生时，这些成群结队夺路狂奔的大妈虽然毫无章法可言，但构成了一股市场力量，使得其他投资者不得不跟风，从而引发市场更大的暴跌。

虽然大妈在广场舞的世界里长袖善舞，但当大妈来到金融市场时，我们就该闪人了。

·摘自《读者》（校园版）2016 年第 21 期·

想法的产生

周其仁

大家如今习以为常的生活，原本不一定是这样。旅行坐飞机，用手机接入无限丰富的信息体系；很多人不再种地，也不用去工厂做工。这些行为和变化的源头就是想法。

人类劳动的价格在历史上很长时间里没有明显上涨，何时开始变贵？并不是经济发展了劳动力自然就变贵了，而是有人创造了机器，用机器武装人，生产率提高了，其他劳动相对于这种劳动的机会成本才上升了。

备受热捧的人工智能也会引发新问题，所有的工作若都可由机器来做，那人怎么办？很多原本就不该由人来做的工作，在当时的历史条件下人们却不得不做，条件成熟后逐步被替代，人类因此变得没有前途还是更有前途，这是一个哲学问题。截然不同的想法意味着截然不同的结果。

德国数学家莱布尼茨把法国人原来只能算加减法的计算器变得可以加减乘除，如此操作在今天看起来很简单，但在 200 多年前就太不简单了。人不应该做重复计算的工作，应该找一个机器把人解放出来。为了这个想法，他投入了 12 年。

原本刮胡刀是折叠式的，人们无法自己刮胡子，需要一个仆人，很多人因此刮不起胡子。"刀片大王"坎普·吉列在刮胡子时受到启发，把折叠式刮胡刀一拆为二，刀片是一次性的，刀架以低于成本的价格卖出，这样大部分人能刮得起胡子了。只要男人的胡子还在长，刀片就能卖出去。吉列还创造了一种营销模式，很多产品可以拆开卖。把打印机和墨盒分开卖，背后就有这个想法的影子。

想法或许平常，却越来越重要。原本自发、分散的想法，要逐步变成体系的生产过程，需要在密度和浓度甚高的知识技能共同体中不断成型，逐步打动很多人，使想法变成行动，行动变成产品，最后变成生活方式。

两堂科幻课：想象力的城乡差异

韩 松

　　最近听到一位民办教育专家讲："经济是解决今天的问题，科技是解决明天的问题，教育是解决未来的问题。"作为科幻作家，我听了很受触动，因为在解决未来的问题这一点上，科幻跟教育可以说是异曲同工。

　　说到教育，亚洲，尤其是东亚的教育，因为过于注重应试能力和强调死记硬背，经常受到批评。但随着社会的发展，中国的教育近来也有所变化——中国城市里的学校开始注重培养学生的好奇心和想象力。这方面的一个表现是：科幻作品进入学校，课文中也有了科幻小说。但是，想象力在中国教育中的分布很不平衡，这或许是中国社会主要矛盾变化的一个反映。

　　4年前，我来到河北一个贫困村的希望小学，给那里的孩子讲了一堂科幻课。面对四年级的学生，我在黑板上写下"科幻"二字，问他们知不知道，结果一片沉默。然后我让他们想象一下，未来的学校是什么样子。冷场一阵后，同学们给出几个答案：高楼大厦；干净卫生；有花草树木；科技发达；空气新鲜；没有人打架；秩序井然；美丽整洁；同学们遵守规则、积极发言。而接下来我讲的科幻故事，他们都听不太明白，也不怎么感兴趣，我感到很失败。

几个月后，我到北京一所重点小学，同样给四年级学生讲科幻故事，也是 10 岁左右的孩子，我同样问什么是科幻，结果所有的人举手，兴奋地向我列举他们看过的科幻电影和小说。我又让他们想象未来的学校，他们也是争先恐后地回答，答案五花八门：会有很多高科技，有机器人把食堂的饭端到课桌上；座位会移动，会飞到几千里外去上课；上课会像 5D 电影一样……讲到具体的科幻小说，他们反响更热烈。印象很深的是，当谈到宇宙航行工具时，他们甚至认为飞船都已过时，有个孩子还提到了很前沿的"虫洞"理论。

这两堂课给我的感触很深，其中反映出来的想象力的城乡差异，可能是多种因素造成的，但其背后折射的却是值得关注的大问题。

首先是个人发展方面。一些农村孩子，跳出农村的唯一方式就是考大学，死记硬背比城里孩子更甚。由于从小缺乏想象力训练，他们到了大学以及参加工作后，在快速变化的环境里，或许会遇到难以预料的发展瓶颈。今后的人才要从事目前根本不存在的工作，使用目前根本未出现的技术，解决目前根本没想过的问题，而这正是科幻或想象力的内容。

其次是国家层面。据说一些西方发达国家的孩子，从小就生活在科幻氛围中，他们的发明创造跟读科幻有一定的关系，喜欢天马行空地展开想象，像扎克伯格、比尔·盖茨和马斯克都是这样的。这会对人们进行创造发明带来许多有利的影响。

再就是社会的影响。孩子们的心理、认识、人格的形成，会因社会环境的不同而有差异。有专家讲道，教育应促进全人格的形成。那两堂科幻课后，我曾设想，假如让北京和河北农村的两群学生对话，他们会谈一些什么呢？

·摘自《读者》（校园版）2018 年第 6 期·

电影院为什么这么黑

水木丁

在所有的观影方式中，我最喜欢的，是在电影院观影。即便家里有光碟可以看，网上可以下载或在线观看，但我还是常去电影院看电影。因为电影院是一个奇妙的地方，许多陌生人在一起大笑或者大哭，一起愤怒或者咒骂。因为有了黑暗的保护，人们才可以这样亲密又陌生，才可以这样肆无忌惮、心灵相通。

我从小就是在电影院长大的，小时候住的部队大院，街对面就是部队电影院。高中的时候和同学逃课去看电影，大学里谈的第一场恋爱，约会最多的地点也是电影院。其实电影的确是哪里都可以看，可是我喜欢的是去电影院这件事本身。

难过的时候，我喜欢随便买一张票，坐在黑暗的角落里发呆，看着那隐约光线下的每把椅子，它们紧紧地并排静默着，它们身上各有各的伤痕，就像每个人的心一样，各不一样。

那时候的电影院，是一个没有自己房间的孩子可以哭泣的地方，是相爱的人可以拥吻的地方，是无聊的胖叔叔打呼噜的地方，是孩子们跑来跑去在角落里捉迷藏的地方，是第一次偷偷地牵男生手的地方。

每个电影院都有独一无二的风格，放的电影也不一样。我们的电影院是我们的地盘，而走过两条街去其他电影院看一场电影，和一次探险没有什么区别。夏天的夜晚，我们坐在电影院外面的台阶上聊天，听着身后传来男女主人公的对话、音乐，就知道故事讲到了哪里。到了都喜欢的情节，就一起再钻回去看。一场电影换好几次座位，有时候还换好几个厅，常常从悲剧的世界直接跳入喜剧的世界，从爱情的桥段直接跨越去冒险。

我们只是喜欢去电影院而已，放映好电影的时候我们去，放映烂片的时候我们也去。

而现在的电影院，太像一个看电影的地方了，所有人的视线都朝向前方，都要盯着屏幕使劲看。情侣们不再拥抱和接吻，在黑暗中不再彼此凝视对望；上厕所的人要一路小跑快去快回；小孩子只能去看儿童片，没有大人的带领，再也找不到边角小门，混不进电影院，只能在家看迪士尼动画。人们吃爆米花，喝可乐，对偶尔进出的人流露不满，看任何电影都要事先斟酌一下，没有人再会只为去黑暗里坐坐就花钱买票，看完电影出来就一定要到网上写评论，讨论这票钱花得值不值。我们计较它有没有让我们笑，有没有让我们流泪、让我们感动。

而从前，我们是不计较这些的。从前我们很穷，我们也很富有。

现在所有人到电影院都是去看电影的，不是去玩的，不是去发呆的，不是去恋爱的，不是去坐在人群中孤单自处的，不是去哭泣或者睡觉的，因为这代价是 60 元一个半小时，我们处理自己的情感，也必须考虑经济实惠。电影院里每天上映着别人的故事，却再也不会发生我们自己的故事。坐在舒适的沙发椅上，吹着冷气，我想起我们的过去，有些伤感，但不至于流泪。

我们曾经相爱的城市早已经没有了天堂电影院。亲爱的，我想在荧光下飞舞的尘埃里再吻你一遍，然而这愿望终究无法再实现。

·摘自《读者》（校园版）2018 年第 17 期·

新时代的"学富五车"

沈奇岚

"学富五车"是个传说。

在古时候，我们说一个人才识渊博、博古通今，上知天文下知地理，就用"学富五车"这个词来形容。学富五车是非常稀罕的事情，因为当时的书是很稀有的。那时候如果某个人家里可以拉出 5 车的书，那真是比现在开着豪车还"拉风"。在古代，读书是一件很奢侈的事情，只有很少一部分人可以享受得到。

在古代很难做到的事情，到了现代却变得轻而易举。手指轻划，信息就像海浪一样拍打着我们，知识已经不再是稀有的存在。现在的我们真是无比幸福，每个人都比较容易"学富五车"，甚至"学富十车"。幸福的人们却有不同的烦恼：知识固然重要，可它数量的多少已经不再是决定能否过好生活的重要因素了。

有一天，我接到一个艰巨的任务。一位长辈把他儿子曾经在美术课上画的作品发给我，问："你看看这个孩子有没有天赋，如果有呢，我就让他去读艺术院校；如果没有什么天赋的话，那就让他去考政法大学读法律。"

真是可怕，多少人报考大学时，就是这样被匆匆决定的。我心里一惊，怎么能这样就决定一个孩子的未来呢？于是我非常认真地看了一下，他的作品的确充满灵气。但一位艺术家之所以能成为艺术家，除了有天赋和不断练习画出好作品外，还需要获得社会系统的支持，比如得到关注、得到宣传、被认可、获得展览机会、作品被收藏等。如果要成为一位举世闻名的艺术家，像毕加索那样，那就需要天时地利人和。

于是，我与这位孩子的妈妈进行了一番深入的讨论，我们讨论的核心就是：在未来，我们到底需要什么样的能力？如果我们有一定的天赋，这份天赋是否能给我们一个美好的未来？我们和这份天赋之间的关系是什么？

如果我们拥有很高的数学天赋，每次考试都是满分，但是在这个时代，我们的推理能力能够胜过人工智能吗？人工智能在分秒之间完成的计算工作，我们可能需要花费很久才能完成推算。人工智能已经抢走了我们在复杂计算领域的工作，那我们的价值在什么领域才能发挥？

什么是我们这个时代的学富五车？什么是我们在这个时代应该拥有的能力？

这个时代的学富五车，来自以下几个能力：更新力、消化力、创造力；而在我看来，看似不重要但其实最为关键的，还是有关生活和生命的常识。

生活和生命的常识，让我们了解在这个世界上我们是谁、从哪里来、要去哪里。

我们将太多的时间用来面对书本和试卷，常常忘了生活其实很丰富，而漫长的生命有无尽的养料，滋养我们的成长。

一个人去理解世界，并且找到属于自己的任务的能力，来自这份常识。就像发现自己是适合写作的人，最后如果逼着自己去学财务（当然，只要努力，一定可以毕业并以此作为职业），那这份天赋一定会时不时地让他难受。比如著名的作家卡夫卡，他白天是个保险公司的职员，晚上埋头创作，一直闷闷不乐。而忠于内心的村上春树，则毅然开了一个酒吧，并清晰地知道未来自己是要走写作这条道路的，所以酒吧只是一个经济上的辅助角色。当他可以依靠写作生活时，他就成了全职作家。

为自己设定目标，并且决定通向目标的道路该如何走，该往自己的车上装什么，该把这条道路的长度折合成几段走，这种能力的重要性远胜"学富五车"。当"学富五车"不再稀有时，找到和自己有关的那 5 车的学识，才是精神富有。

当我们拥有了属于自己的目标时，其他的能力才找到了位置。

先说更新力。我们这个时代变化得太快。10 年前微信还没有诞生，50 年前连网络都不存在。如今一年之内发生的，有可能是古代经历 100 年才会发生的信息变化。面对这种变化，重要的是去辨别跟我们有关的事情。一个人的时间和生命都那么有限，不可能掌握所有的信息。寻找和生命相关的，并且自己能够做到的那些事情，这个才是真正的更新能力。

学富五车当然重要，但更重要的是让有价值的知识可增长。这种把自己拥有的从 5 车变成 50 车的能力，才是真正的精神富足——并不是自己现在拥有多少，而是自己未来可以掌握多少。

再说消化力。对今天这个时代来说，承载书的车是否坚固、能否走很长的路才更为重要。这承载书的车，如同现在承载知识的框架，如果没有车，这些学识就是一盘散沙。把学识组织起来形成一个系统，消化并沉淀为自己的东西，这种消化能力远比 5 车甚至 10 车知识对一个人的一生有意义。

最后谈一谈创造力。创造力意味着可以看见并辨别事物之间的联系，这个需要非常敏锐的捕捉能力。创造力，是对世界善意的理解，是对他人需求的深刻体察，是从已知的事物出发进行进一步的发明和改良。

可以说，在未来最重要的并不是学富五车，而是拥有健康的心灵、身体以及理解能力，让自己成为不断吸收知识的海绵，充满好奇地与这世界相处。

· 摘自《读者》(校园版) 2018 年第 18 期 ·

千年后的历史课本，我们画风清奇

hisFory

如今，每当人们了解到古人画风清奇的生活方式时，总忍不住心生感慨。那么问题来了，未来的人又会如何评价我们呢？据不可靠消息，未来的历史书可能会这样编写——

手机

出土于 2733 年，是古人所使用的手持式移动通信终端机。长期使用这种工具，会诱发多种疾病，如蹲坑拖延症、低头症……另外，据野史记载，还有一款叫作诺基亚的另类手机，可以用来砸核桃和防身。

微博

一种寄生于手机上的应用程序，历史学家认为这是一种用餐工具，因为古人在饭后不仅要刷碗，还要刷微博。据野史记载，长期使用这种电子餐具，可能会导致轻度精神失常，因为据影像资料显示，经常有古人在刷微博时傻笑。

红包

一种受网速影响的非公平测试手段，能反映出参与者的手速和运气，这种测试多由土豪主动发起。注释：土豪，群众都想与之做朋友的风云人物。

银行卡

2811 年出土于古城温州，是原始的货币存储工具。研究表明，这可能还是一种社交工具。因为很多男性都是在刷卡后，才和女性确立了恋爱关系。

空调

2903 年出土于古城南京，是一种改善室内生存环境的工具。每当夏天来临，古人便不得不依靠空调降温。考古学家称，空调可能还具有医疗保健的功效，因为古人常说"我的命是空调给的"。

小猪佩奇

一种社会群体的吉祥物和图腾。据史书记载，只有受到小猪佩奇的祝福和洗礼，才能成为一名合格的社会人。

按揭

古代知名酷刑，惩罚方式主要分为房贷和车贷两种，惩罚期限为 10 年、

20 年、30 年不等。很多遭受按揭惩罚的人，一生饥寒交迫，最后郁郁而终。据野史记载，按揭、起床、加班、断网并称为古代"四大酷刑"。

表情包

古人利用图片来表达感情的一种交流方式。据史料记载，古人之间经常会发起一种叫作"斗图"的竞争行为。如果斗图人数达到三人，就叫作"斗地主"。

熊猫

古代的一种生物，极具经济头脑，平时靠"卖萌"为生，因为只有黑白照片，史学家无法知道其真实颜色。据野史记载，正是因为熊猫头表情包的泛滥，才导致了熊猫的灭绝。

锦鲤

一种已经灭绝的神奇生物，据说转发的时候能够带来好运。部分考古学家声称，近期出土的电风扇，很可能就是用来转锦鲤的。

火锅

2944 年出土于古城重庆，作用尚未确定。考古学家根据其复杂的成分初步判断，这是一种盛放剩余食物的垃圾桶。但也有少数美食学家称，这可能是一种饮食方式。

·摘自《读者》(校园版) 2019 年第 2 期·

玩物只会丧志？你思维里的墙该拆掉了

杨 仑

玩会上瘾。世界杯期间，人们三五成群，或于酒肆广场，或于家中网上，不论观赛环境优劣、经济条件好坏，都要共贺盛会，这是玩足球的乐趣。前几日，在成都举办的一场《王者荣耀》比赛中，爱玩的人们竟然也有了"球迷之癖"：在寒风中站至午夜，等待比赛结果，似乎自己也置身游戏局中。

这并不奇怪，玩是人类的天性。我们无法知道谁第一个观测了夜空中的繁星，谁偶然学会了取火，但人类总是能拆掉思维里的墙，踏上一段"让好奇心再飞一会儿"的奇妙旅程。此时，玩就成了创新灵感的源泉、人类进步的原动力之一。

科学的进步，其实也离不开玩。你觉得科学家应该是怎样的一群人？穿着白大褂、夹着书本来去匆匆的书呆子？才不是！本质上，真正的科学家是世界上最爱玩、最会玩的一群人。爱玩能够激发他们探究的欲望，会玩让他们更加努力地探索这个世界。

求知本身并没有界限，普通人能参与科研活动吗？答案是肯定的。实现的办法之一竟然是玩游戏。美国的两位科学家设计了一款名为 Foldit 的游戏，主要目的竟是"偷懒"。原来，这是一款研究蛋白质折叠过程的游戏，虽然科学家们早早就掌握了若干蛋白质折叠的规则，但苦于没有足够的人手去参与运算。

两年的时间里，这款游戏收集了超过百万份可靠的数据，成功帮助科学家解析出了反转录病毒的蛋白酶结构，解决了困扰科学家多年的难题。相关成果发表在《自然》《科学》两份顶尖学术杂志上，作者一栏填写着：来自全球的 5.7 万名玩家。

这并非孤例。像这样的游戏，甚至已经有了一个正式的社会名称"功能性游戏"，并在天文观测、生物医学、图像音频分析等领域都颇有建树。这便是玩的魅力。现实社会中已经充斥了太多的规则与束缚，唯有从心底迸发出的那份玩的乐趣与纯真，推动着思绪在辽阔的世界、无垠的宇宙中漫游。为了满足心底对玩的渴望，人们迸发出的创造力简直令人难以置信。

在著名的沙盒游戏《我的世界》中，有人竟然在其中搭建了一台 32 位 Cpu 的 Minecraft 通用计算机，用游戏中的计算机玩这款游戏，是怎样的一种体验？不用想都知道，这必然是各个网络平台的热门话题。

更妙的是，在这段旅程中，人究竟起到了怎样的作用？是游戏的玩家，还是其中一个必然的环节？昔日庄周梦蝶，发出了触动人心的哲学一问："不知周之梦为胡蝶与，胡蝶之梦为周与？"看看，玩不仅能解决自然科学问题，还能引发哲学思考。

　　当然，尽管玩有种种好处，人们却更愿意看到玩的缺点，如玩物丧志。其实，关键问题不在"玩"，而是"志"。真正对世界充满好奇心，上下求索，玩出乐趣，玩出真谛，又何尝不是美事一桩呢？

·摘自《读者》（校园版）2019 年第 8 期·

怎样从衣着判断经济

岑 嵘

福尔摩斯酷爱观察人的衣着和外貌，并且擅长从一个人的衣着推断出他的身份。最神奇的故事发生在《蓝宝石案》中，福尔摩斯捡到了一顶帽子，他说：“从帽子的外观来看，很明显这顶帽子的主人是个学问渊博的人，而且在过去三年里生活相当富裕，尽管他目前已处于窘境。他过去很有远见，可是已今非昔比……这个人一向深居简出，根本不锻炼身体，是个中年人，头发灰白……顺便再提一下，他家里是绝对不可能安有煤气灯的。”

我们可能没有福尔摩斯这般高明的推理能力，但是只要对身边的人群细心观察，可能也会看到不一样的东西。

丹尼·摩西是华尔街的金融专家，他还管理着一个对冲基金。丹尼每天要坐开往曼哈顿区（华尔街所在地）的早班列车，而他对车上乘客的观察，堪比福尔摩斯。

丹尼·摩西说："我乘坐的列车上金融界人士所占的比例是95%。如果他们拿着黑莓手机，他们或许是做对冲基金的，正在查询他们在亚洲市场的损益。如果他们在火车上睡着了，那很可能是属于销售部门的。那个身穿价值3000美元的正装、头发梳得一丝不乱的家伙是一名投资银行家；那个身穿运动服和卡其裤的，是一个在二流企业做经纪人的家伙；而那个带着一份《纽约时报》的人或许是名律师，或者是办公室的后勤人员，也有可能是在金融市场工作，但没有真正身陷市场……"

如果对这些金融界人士的衣着做进一步的观察，甚至还能发现金融危机的前兆。那些管理资金的人如果穿得就像是要去观看棒球比赛，说明他们的金融绩效非常优异，穿得太好会引起别人注意，而他们希望尽可能保持低调。

如果你看到某个从事金融业的家伙穿着正装，那通常意味着他遇到了麻烦，或者他要去见某个给他钱的人，或者两者兼而有之。

因此，当开往曼哈顿区的早班列车上的金融人士普遍穿着随意，说明经济欣欣向荣；但如果人人身着正装，那么说明金融业开始遇到麻烦，投资人开始变得谨慎，人们正在四处找钱，换句话说，车厢里充满了金融危机的味道。

正因为这种敏锐的观察力，在金融危机前夕，丹尼·摩西提前做空了华尔街，当次贷危机到来的时候，他大赚了一笔。

小布什总统的经济顾问皮帕·马尔姆格林擅长把时尚信号变成经济信号，比如她把模仿古驰（Gucci）这样花哨图案衣服的大面积流行看作金融危机的信号。

古驰是一个意大利高档时尚品牌，自 20 世纪五六十年代开始出名，玛丽莲·梦露和杰奎琳·肯尼迪都是这个品牌的客户。这类服装颜色艳丽，特别适合娇小的女人，但如果所有人都这么穿，看起来就很可笑了。

2007 年的时候，马尔姆格林发现，几乎每家店铺都充斥着这类仿古驰的产品。尽管每件衣服价格不高，但这样的衣服大多只能穿一到两次，它们的面料很快就会过时，很明显女性花的钱超过了她们的承受能力。

马尔姆格林意识到，这种超出自身能力的消费行为已经延伸到了各个领域，比如人们开始购买更大的房子，而银行也乐于贷款给没有还款能力的人，他们转手把这些不良资产卖给华尔街，华尔街的金融家又把它们重新包装和评级，再次卖给投资者，在这一片繁荣之下实则隐藏着重大危机。

马尔姆格林就是这样从人们衣着的变化，敏锐地捕捉到了即将到来的金融危机信号。

2008 年金融危机的时候，很多服装零售商都破产了，然而服装品牌 Zara 却逆势取得成功。"这其中有很多原因，"马尔姆格林说，"其中一个重要原因是人们在 Zara 店里总能找到不错的黑色或是深蓝色的裙子以及很棒的白色衬衣，这些都是职场上的标配，几乎每个要找工作的人都会冲进 Zara 店，坚信能找到适合自己的传统服装。"

当经济低迷、失业率上升时，人们发现，保留自己的工作或者获得一份新的工作，有时只需要穿一件白衬衫和一条黑裙子，或者一件质量好的老式传统西服就可以了。

福尔摩斯对助手华生说："你是在看，而我是在观察，这有很明显的差别。"经济学家原来也是这么做的。

网络游戏中的经济学

布莱德·布朗莫

裴 霜 编译

　　埃约尔福·古德门松是这样一位经济学家，他为冰岛 CCP 游戏公司工作，负责监管大型多人视频游戏《星战前夜》的虚拟经济。在这个游戏世界里，玩家们建造了自己的飞船，穿梭于由 7500 个恒星系统组成的星系中。他们买卖原材料，做商品投机买卖，形成了贸易联盟，并建立了银行。

　　这是一个不断壮大的经济体，参与的玩家超过了 40 万，远远超过了冰岛的国民总数。在这个经济体内，通货膨胀和通货紧缩，甚至经济萧条都有可能发生。出于这个原因，古德门松在雷克雅未克领导着一个由 8 人组成的专家分析小组，密切监视着大量数据，以确保《星战前夜》的一切都顺利运行。古德门松的工作与本·伯南克相似，只不过后者为美联储工作，负责监管美国经济。

"从各方面讲，游戏中的经济活动与现实生活中一个小国家的经济活动毫无二致。"古德门松说。如今，许多大型在线视频游戏变得非常复杂，游戏公司只得向经济学家寻求帮助。没有监管，游戏里的经济可能会出现严重问题。比如，2007年《第二人生》在线世界实施了禁赌令，引发了虚拟银行挤兑，单单在这家虚拟银行，玩家就实际损失了75万美元。

如今，游戏和经济越来越密不可分，视频游戏设计师需要经济方面的咨询，许多经济学家也热衷于对视频游戏进行研究。在虚拟世界里，经济学家得以研究极少出现在真实世界中的经济概念，如完全储备金体系，它在《星战前夜》里替代了现代银行体系，带有货币自由主义性质，很受玩家欢迎。在视频游戏中，数据更为丰富，更容易进行相关经济实验，而在现实世界里，这些实验无法进行。

经营虚拟经济

如今，游戏公司和经济学家谁也离不开谁。2012年6月，瓦鲁法克斯在博客上宣布，受聘于流行游戏《半条命》的制造商维尔福公司，担任企业经济顾问。瓦鲁法克斯精于数据统计，在雅典大学任教以来，他以透彻分析希腊债务危机和欧元危机而闻名。显而易见，这也是维尔福对他青睐有加的原因。

维尔福欲将旗下的几款大型游戏世界连接起来，这样，玩家就可以随意交易虚拟物品。公司行政总裁加布·纽维尔在给瓦鲁法克斯的邮件中说："我们正讨论在两个虚拟游戏环境中建立经济链接的问题（即建立通用货币），但该计划因收支平衡等难题一时无法付诸实施。"在这一问题上，谁能比瓦鲁法克斯更权威？这位经济学家曾把德国、希腊加入欧元区后面临的困难解析得无比透彻。

迄今为止，只有 CCP 和维尔福两家企业具有远见卓识，聘请了经济学家。康奈尔大学约翰逊管理学院研究虚拟经济的经济学家罗伯特·布卢姆菲尔德说："如果一款游戏拥有 10 万个用户，而且玩家可以对虚拟物品进行买卖。那么，这家公司就需要一位经济学家对游戏系统把关，防止虚拟经济失控。"

在《星战前夜》，古德门松监管的经济体波动很大，从 2011 年 2 月至 2012 年 2 月，虚拟经济规模扩大了 42%，到 2012 年夏季又萎缩了 15%。他的团队要定期解决货币供应中的不平衡问题。例如，他们通过在游戏中引入新式武器来抑制通货膨胀，也就是回收虚拟货币，这与央行出售债券收缩货币供应量的方式如出一辙。

古德门松 2007 年放弃了阿库雷里大学的终身教授职位，加入了 CCP 公司。他说管理虚拟经济极具挑战性："这项事业比我想象的更有趣、更令人着迷。"每隔一段时间，CCP 公司的游戏设计师就会在游戏中导入新技术，或者改变某些游戏设备性能，以保持游戏的趣味性，这无异于现实生活中的技术冲击。但古德门松也提到，玩家经常会推测游戏设计师的规划，对虚拟经济市场造成影响。"我们注意到，大联盟甚至试图操纵市场，控制供给和影响价格，"古德门松说，"这有点像 OPEC（石油输出国组织）的角色。"

·摘自《读者》（校园版）2013 年第 6 期·

头等舱哲学

吴建雄

关于头等舱，有一则传闻：麦肯锡坐飞机只坐头等舱，他说："我在头等舱认识一个客户，就能给我带来一年的收益！"而比尔·盖茨则几乎从不坐头等舱，他说："头等舱比经济舱飞得快吗？"

有人说，麦肯锡倡导的是机遇战略，而盖茨倡导的是节俭战略。我个人认为，不应从字面上做浅显的意图猜测，而应更多地从发言者的角色来分析。

麦肯锡渴望的是客户，其最终目标是为了合作与扩大业绩。所以，对他而言，核心命题是：能合作的客户。再把这个命题深入分解，则包含了四大元素：客户的质量、客户的审美、客户的认知、客户的品位。从这一点来看，头等舱是一个非常理想的门槛，类似行业壁垒首先，头等舱就像一个筛子，率先把收入水平、审美要求、感官感受、生活品位"不合格"的客户筛了出去；其次，从时间成本来看，确保了潜在客户消费能力的头等舱，大大降低了业务开拓者（麦肯锡）出现时间成本浪费的概率，毕竟，如果你将飞行的时间用来沟通，最后发现对方认可你的观点却无消费能力接受你的业务，这会让你很无奈；第三，头等舱形成了一个满足特定客户群沟通语境的平台，当你选择了头等舱，你就找到了一个进入游戏的平台，至少在客观的认知上，陌生人会因为你选择了头等舱而对你产生一定程度的认可，避免经济学系统性偏见中的"排外偏见"；第四，头等舱的选择会给潜在的客户带来隐性的安全感认知，对潜在的目标客户而言，一个和你同坐头等舱的人多少有一种身份的对等，而一个能选择头等舱的人（和他身后的公司）至少度过了捉襟见肘的创业前期，不需要对成本斤斤计较，因此，选择头等舱的另一个心理暗示是：这家公司相对稳定与安全，至少出行成本已不在日常成本控制范畴内，换言之，坐头等舱体现了你的资本与底牌。

很多年前我计划过一件事：在所有自己看中的城市都买一套房子。这和坐头等舱是同样的道理。我做过调研，一个全新的合作方更愿意和在所在城市有固定资产的伙伴合作，这就是资本的信心与底牌。

那么，为什么盖茨会选择经济舱？

首先，盖茨的企业已成为行业老大，具有自主定价权。换言之，怎么玩全凭他自己乐意。对一个在鼎盛时期的企业而言，根本不需要主动出击去寻找客户。所以在舱位选择上，盖茨首先要考虑的就是成本，价值一样，价格最低者优先选择。事实上，公司在创业期和鼎盛期都极其重视成本。

其次，经济舱还有一种人本的涵义：主动、刻意地与大众拉近距离，形成亲切友好的品牌感官。是的，对鼎盛时期的品牌而言，最重要的已经不是品牌忠诚度和知名度的建立，而是亲切感和价值观的建立。鼎盛时期的品牌的一举一动都代表着对未来世界的反思、对资源的珍视。

三流企业比价格与实惠，二流企业比技术与模式，一流企业比感官与认知。这与美国大选时总统候选人会通过参观老年社区来营造亲和力，新生品牌为了弱化市场的质疑往往会通过多种途径赞助慈善机构，是同样的道理。

虽然你不认识我，但是我认为你我是一样的，我们是相似的。我在你面前，很亲切。

"亲切"成为很多品牌这三至五年间主动思考的核心关键词。

经济舱有着这样的亲切：老人、小孩、学生、少年、妇女、男人，一排六个，平身而坐，没有等级之分，看的杂志、喝的水、吃的热狗、系的安全带质感也都一样，是一种刻意的公平。而在一个刻意公平、一视同仁的制度下，游戏参与者的等级或许会消失，在等级看似消失的瞬间，人们会选择信任彼此。

戒指与甜饼

周　濂

据说，德国哲学家维特根斯坦在八九岁的时候，曾经伫立在门前长久地思考这样一个问题："如果说谎对一个人有好处，为什么他还应该说真话？"大约半年前，我也曾站在北京街头掂量过一个类似的问题："如果买盗版书不会被工商抓住，为什么还应该买正版书？"思考的结果是，少年维特根斯坦隐瞒了自己身为犹太人的事实，而我则花 10 元钱买下了《魔鬼经济学》这本书。

《魔鬼经济学》分析了许多古灵精怪的日常案例，其中费尔德曼卖甜饼的经历不仅有趣，还与维特根斯坦的困惑有关联。

费尔德曼卖甜饼的方式很特别：他每天把甜饼送到各个公司的零食间，在边上放一个盒子，人们拿完甜饼后自己往里面投钱，他会在午饭之前取回现金和剩下的甜饼。这种收款方式完全依赖于客户的自律性，换言之，每一个取甜饼的人都免不了扪心自问："如果白拿甜饼不会被他人发现，那么我为什么还要往盒子里投钱？"

买甜饼的人与维特根斯坦面临的困惑，归根结底都是同一个伦理问题："我为什么要成为一个有道德的人？"

这个困惑的最初版本来自古希腊人格老孔。在一场关于正义的讨论中，他讲了这么一个故事：有一个名叫古格斯的牧羊人，机缘巧合得到一枚可以隐身的戒指，当他发现真的没人能够看见他时，他便利用这枚戒指引诱皇后，谋杀国王，最终夺取王位。讲完故事后，格老孔继续问道："如果有两枚古格斯的戒指，一枚戴在正义者的手指上，一枚戴在邪恶者的手指上，这两个人会有不同的行为表现吗？"格老孔认为，无论一个人平日里是否循规蹈矩、奉公守法，一旦拥有古格斯的戒指，他就一定会去做他想做的事情，而不是去做他应该做的事情。

古格斯的戒指虽然提出了问题，但由于设置的情境、条件过于极端，反而让我们失去了进一步讨论的空间。相比之下，费尔德曼的小甜饼试验更贴近日常生活的琐碎和繁复，因此，也就更有助于我们了解在复杂条件下，普通人的道德动机和理由。

比如说，费尔德曼发现风和日丽的天气会明显提高购买者的支付意愿，而在狂风暴雨的日子里收回的甜饼钱就少一些，这说明天气不但会左右人的情绪，而且会影响他是否愿意做一个诚实的人。再比如说，当员工们喜欢自己的工作和老板时，这家公司的整体诚信度通常会比较高。此外，公司中级别越高的人越喜欢白拿小甜饼，级别越低的人则越诚实——费尔德曼对此的解释是因为高层人员总有过度的优越感；而《魔鬼经济学》一书的作者史蒂芬·列维特则认为，高层人员之所以能够成为高层人员，正是因为他们懂得如何进行欺骗。

费尔德曼卖了20多年的小甜饼，事实证明有87%的人在无人监管的前提下投了钱。这让他有理由比格老孔更乐观，因为当一个人知道自己的所作所为不会被人察觉的时候，至少有87%的人能够控制自己，不去做一些邪恶的事情。

但是费尔德曼的结论其实是相当有保留的，那87%的人只是能够控制自己不做一些邪恶的事而已。首先，1美元一个的小甜饼作为诱惑实在过于微小，它甚至没有一本盗版书的诱惑大，面对小甜饼这样的小便宜，多数人会很有定力，不会让自己"折"在如此微不足道的道德考验上。

其次，哪怕我们面对的不是古格斯的戒指，不同的"善小"之事也可能产生不同的行为后果。我们不妨想象在一个空旷无人的停车场里，你一时不慎将旁边的汽车剐了一条小划痕，停车场没装监视器，周围也没有路人看到。这时候，你是留下电话号码，还是若无其事地开车离开？我没有做过调查，但是我愿意用一块小甜饼下注，留电话的比例定然不会超过小甜饼试验中的87%。

尽管如此，费尔德曼依然为我们提示了一条可能的解决之道。在转行专职卖甜饼之前，费尔德曼曾经在自己工作过的公司里做过试验，效果非常好，超过95%的人付了钱。此后的经验也表明，一家几十人的小型公司支付甜饼钱的概率要比几百人的大型公司高出3%~5%。这并不是因为费尔德曼的公司和小型公司的员工更诚实，而是因为在这两个情境中，人与人之间的情感纽带更加紧密，犯罪者所承受的羞耻感和社会压力更大。这和乡村社会的犯罪率要远低于城市的犯罪率的道理是一样的。

从乡村到城市，从礼俗社会到法理社会，是现代文明的必由之路。

前者与后者之间存在着某种结构性的断裂：在礼俗社会里，亲属、邻里和友谊等关系构成了顽强的纽带，不管人们在形式上怎样分隔也总是相互联系的；相反，在法理社会里，人们只是机械地聚合在一起，不管人们在形式上怎样结合也总是分离的。现代社会之所以出现世风日下、人心不古的道德危机，一个重要的原因是外部环境变了，除了设立严刑峻法，更为重要的是要建立各种纵横交错的熟人社区，让原子化的个体重新恢复与周遭环境和人的深厚联系。

·摘自《读者》（校园版）2013 年第 10 期·

苹果真的砸中了牛顿吗

岑 嵘

当你还是小学生的时候，老师在课堂上会津津有味地讲到苹果如何砸到牛顿的头上，并给他带来了灵感，发现了地心引力的故事。如果你态度不够谦卑，对这个故事提出质疑，那么你会发现教鞭落在你的头上，这可不是什么地心引力。

真有苹果砸中牛顿的故事吗？ 1665 年到 1666 年，牛顿为了躲避在剑桥流行的瘟疫，回到了自己的家乡伍尔索普，并经常在自家的花园里沉思。牛顿的传记作家理查德·S.韦斯特福尔表示：牛顿的侄女康杜伊特夫人曾说，当牛顿在花园中进行思考时，他突然想到，让苹果落地的地心引力并不限于地球，它能够在更大的范围内发生作用。

这也就是说，他早已经确信重力的存在了。当时他在考虑的问题不是苹果为何下坠，而是重力的存在是否能外推到月球这样地球以外的物体。

事实上，17 世纪没有一个作家提到过牛顿被苹果砸中的故事。韦斯特福尔表示，苹果的故事"让人误以为当时的人们对地心引力一无所知"，而科学家迈克尔·怀特则说，苹果的故事"几乎肯定是虚构的"。

那么为什么"苹果砸牛顿"的故事如此深入人心呢？让我们用行为经济学来回答这个问题。

当第一次得知地心引力的时候，我们的教育便和那只看不见的苹果牢牢地捆绑在一起了。这就相当于"锚定效应"，所谓锚定，就是通过第一印象产生偏见的一种心理的偏向。在这以后，我们至多可能接受牛顿被无花果砸中，认识之锚起了很大的作用。

行为经济学还告诉我们，人们通常做出各种判断是依据记忆中最易于使用的信息。也就是说，信息越容易记起，就越倾向于作为判断的依据（可用性启发法）。地心引力和苹果，如同"送礼"和"脑白金"被千百遍地重复而粘合在了一起，这个"神话"也就越来越广地被传播。

这样的故事很多。年轻的华盛顿为了试自己的新斧子而砍断了父亲的樱桃树，小华盛顿大义凛然地说："爸比，我不能说谎，是我砍断了樱桃树。"事实上这个故事本身就是一个谎言。《大英百科全书》告诉我们，这句话实际上是美国牧师和旅行书商帕森·威姆斯瞎编的。瓦特对茶壶的蒸汽着了迷，因此发明了蒸汽机？瓦特是 1736 年诞生的，第一台蒸汽机是托马斯·纽科门于 1712 年在斯塔福德制造的。

诺贝尔经济学奖得主丹尼尔·卡尼曼说："好的故事为人们的行为和意图提供了简单且合乎逻辑的解释。引人入胜的故事会使人产生某种必然性错觉。"18 世纪的作家和哲人（其中包括伏尔泰）开始大肆宣扬牛顿和苹果的故事，就是为了用通俗的科学故事启发民众，即便今天也是如此。

"有一天，一个苹果掉到了牛顿头上……"这个故事还会一直讲下去。

别被你的"三分钟热度"烫伤了

阿 北

今天偶然听到一个熟悉的名词,叫"三分钟热度"。

在我的理解里,"三分钟热度"是这样的。

第一分钟,你接触了某个东西并对它产生了兴趣。第二分钟,你着手准备去了解或学习它。第三分钟,你开始实践你的想法。然后,就结束了。

没有第四分钟。一时兴起的开始,虎头蛇尾的结束,所以,往往我们喜欢将它等同于半途而废。

在你的人生中,是不是也有不少这样的"三分钟热度"?

仔细想了想自己二十来年的人生历程,"三分钟热度"这种事情确实不少见。人是善变的,也有欲望,所以,每当一件新鲜事物摆在面前的时候,总会有一种很强的吸引力。如果你对它的好感度再高一点的话，就更容易被吸引。

这时你会想，这东西好像挺不错的，也挺有趣，要不也学一学？然后迫不及待地就开始了三分钟之旅。

一种被唤作"新鲜感"的香味，让你误以为所有的东西似乎都合自己的胃口。但味道到底怎么样，还是得试过之后才知道。

于是，一分钟，两分钟，三分钟，食之无味，抛之于脑后。

以前，看见周围不少人在学吉他，想着自己也要找时间学一学，但学了一段时间，就把它放到了一边。现在那把吉他不知道被我丢弃在房间的哪个角落了，一定沾染着不知从哪里飘来的灰尘了吧。

也有过一次，偶然看到一本与经济学相关的书，翻了几下觉得挺感兴趣。但当真的买来了几本专业书籍，却又怎么也看不下去了。那感觉就是看明白了书本上的每一个字，但脑子里完全理解不了任何意义。同样的命运，它们被我搁置在书架上。

当每一次类似以上的"三分钟热度"出现的时候，也总会伴随出现一种叫"罪恶感"的东西。

它拿着鞭子拷问你的内心，破口大骂你怎么又没坚持下来。然后在它的威慑之下，你垂头丧气地承认错误，就像一个犯了错的孩子。

在这种情况下，我们很容易沉浸在自责之中。但看看周围的人，他们似乎也或多或少面临着他们的"三分钟热度"。一个朋友下了决心每天要运动健身，过了一周之后，就再也没见他锻炼过。另外一个朋友制定了详尽的英语学习计划，但仅仅是在前三天里认真贯彻，在第四天到来时便被打回原形。

所以，我更愿意相信，"三分钟热度"是大多数人的共性。

事实上，像书上所讲的那种高度自律的人是很少的，我不认为每个人都可以成为那样的人。

即便如此，我们还是在与"三分钟热度"这个怪物进行抗争。上高中的时候，有一个想学街舞的同学，因为身体平衡性差，在面试的时候被刷了下来。一般人经历了这样的挫折与否定，总该放弃了吧。

但后来我发现，他一直在自学，每天拿出一段时间来勤练，经常和其他学舞的人交流学习心得。如今三年过去了，他摆脱了过去的自卑，也参加了不少比赛，在圈子里混得挺好。

我看到他现在的样子，就会想起他当时的失落。

直到有一次闲聊的时候，他讪讪地跟我说了一句"因为热爱"。

我才明白，有些事情是可以靠热爱坚持下来的。所以，你的"三分钟热度"也许是因为你还不够热爱。

或许我们可以通过各种各样的方法去坚持，设定目标，分解目标，制订计划，奖惩结合，但终究不是出于最纯粹的喜欢。这也是为什么我们更想去做自己喜欢的事情。

回过头想想，"三分钟热度"真的是洪水猛兽吗？为什么人们对此总是嗤之以鼻呢？在凡事都有两面性的现实之下，我更愿意看它的另一面。

它其实就像一个即将开始的生命突然夭折，而目的只是让你了解它一点点。

这一点点，我觉得很重要。

靠着这一点点，我认识了村上春树，知道了"三国"纷争，"结识"了王家卫，"拜访"了凯恩斯。虽然不够精专，但我并不无知。

从这个角度来看，我们应将自己的时间分成一个又一个的三分钟，分别去了解和体验不一样的事物。

有的东西，可能这一生只需要花上这三分钟就足够了。而那些你将倾注一生的事业，不也是从这三分钟开始的吗？

前些天看到一句话："不要因为害怕结束，就拒绝了所有的开始。"同样的，不要因为顾虑着自己的"三分钟热度"，就拒绝了一切的尝试。"三分钟热度"并不可怕，可怕的是你还在为它担惊受怕。

·摘自《读者》（校园版）2016 年第 4 期·

神奇动物去了哪里

岑 嵘

　　根据英国作家 J.K. 罗琳的作品改编的魔幻电影《神奇动物在哪里》讲述了这样一个故事：1926 年，魔法动物学家纽特·斯卡曼德带着一群神奇动物抵达纽约。一个叫雅各布的人无意间放跑了这些魔法动物……最终，纽特找到了这些逃跑的动物，带着它们离开了纽约。

　　罗琳在原著中说，纽特离开纽约后写了一本叫《神奇动物在哪里》的书，这部作品一问世，就被指定为霍格沃茨魔法学校的教科书。

　　那么，问题来了，纽特的这些神奇动物后来去了哪里？

　　我们从《哈利·波特》的系列故事中不难推断，这些神奇动物在几十年以后都像渡渡鸟一样灭绝了。

　　让这些珍稀动物难逃灭绝命运的，正是它们的神奇特性。因为在偷猎者眼中，这些是富有价值的东西，所以成了他们疯狂追逐的目标。对于这些动物的神奇特性，罗琳在故事中作了有趣的演绎：嗅嗅热爱一切闪闪发光的东西，它擅长收集金银珠宝；鸟蛇的蛋壳非常美丽，它有着白银的质地（雅各布就是用它向银行抵押获得贷款的）；护树罗锅会开各式各样的锁……

那么这些神奇动物怎么样才能逃过灭绝的命运呢？经济学的思考方式或许能让我们学到比魔法更有用的东西，以解开这个难题。

假如毒角兽生活在你的村庄周围，它的大犄角能刺穿一切物体，而且其内含毒液会让任何被注入的物体爆炸。虽然它一般不会攻击人类，但是也会对庄稼和房屋造成严重损害，也就是说，它周围的村民并没有因它获得好处。当你听说在伦敦的黑市上每头毒角兽能卖到5万英镑时，你也许会考虑怎么样才能抓住这个大家伙。

经济学为拯救濒危动物提供了一些深刻的见解，保护策略必须和神奇动物生存区域的人的积极性保持一致才会有效。也就是说，给当地居民一些激励，使他们希望这些动物活着，而不是死去。如果全世界的魔法迷都愿意付高价观赏毒角兽，那么当地居民就能从旅游业中获得好处，人们就有动机积极保护这种动物。

现实世界中，哥斯达黎加就是这么做的，该国将25%以上的国土设为国家公园，每年的旅游收入超过10亿美元。

另一个办法是让神奇动物私有化。2013年，官方估计南非白犀牛的数量达到1.89万头，其中属于私人的就达5000头。这些拥有白犀牛的私人往往雇用武装人员，像保护金库一样24小时保护白犀牛，他们还在白犀牛的角中加入GPS定位器。虽然他们并不会像纽特一样真心爱着这些神奇动物，只是出于个人利益的考虑，但这并不妨碍他们尽全力保护这些动物。

通常人们会想到的另一个办法就是禁止交易，比如宣布雅各布拥有鸟蛇蛋壳这类行为是违法的。但现实世界通常十分复杂，比如 1990 年，国际市场上犀牛角的价格每千克仅为 1000 美元。在禁止犀牛角交易后，到了 2013 年，犀牛角每千克标价到了 6.5 万美元。也就是说，这个价格超过了黄金和可卡因，这时，禁令就成为逆向激励，让偷猎者和走私者为了犀牛角更加疯狂（这有点像 20 世纪 20 年代美国的禁酒令）。

纽特的《神奇动物在哪里》告诉我们神奇动物吃什么以及如何饲养。而经济学则告诉我们要阻止人们捕杀神奇动物，关键不是了解这些动物的特性，而是人的行为。

·摘自《读者》（校园版）2017 年第 4 期·

柯洁输棋不是人类的失败，而是人类的胜利

维 舟

世界排名第一的围棋高手柯洁三战皆败，足以证明人工智能（AI）的强大。显然，从大众的情绪反应来看，很多人都将此理解为人类的失败，而不是人类的胜利。在好多人看来，这似乎就像那个长久以来的科幻故事正在成为现实：强大无比的电脑将获得人工智能和自我意识，最终控制并取代人类。

之所以那么多人对 AI 感到恐惧，当然不是因为它连胜人类棋手本身，而是因为此事所代表的象征意义：围棋被我们默认为是人类最复杂的棋类游戏，象征着人类智能的某种极限，现在这种极限被打破了。

其实，人类创造的工具在某一项能力方面超过人，这早已不是新鲜事——当然，这就是我们创造它们的目的。人的力气再大，也不可能超

过举重机；人跑得再快，也超不过汽车；如果数学计算代表着人类的智力，那我们早已输给了任何一部廉价的计算器。所有这些工具的发明，并没有成为人类的掘墓者，而是把人类从一些繁杂重复的工作中解放出来，使我们可以去从事更具创造性的工作。

在五名围棋国手联手仍落败之后，AlphaGo 团队负责人 DavidSilver 也说："今天的问题无关输赢。"他认为这只是为了把人工智能这一工具更好地用于探索各种可能，来服务于人类。

这并不只是安慰人的官方说辞，因为显而易见的是：投入那么多人力、财力去发明这样一台机器，总不会是为了赢世界冠军，那对它没有任何意义。赢棋不是目的，而是手段——只是通过这样一种戏剧性的呈现方式，来让绝大部分对人工智能一无所知的普通人也意识到，原来它已发展到了如此强大的地步。

就此而言，这场人机对决更像一次大型公关活动，输赢确实不重要——就像 1830 年美国巴尔的摩举办的火车与赛马的速度比赛。虽然当时火车还跑不过人类骑手驾驭的奔马，但没关系，仅此就足以让人直观地感受到蒸汽机车的潜力，而它要跑得比马快，也只不过是个技术升级的时间问题罢了。

对科技的威力感到敬畏，那是人之常情，也不失为一种激发自我潜力的驱动力；然而对之感到末日降临式的恐惧，则恐怕是科幻故事看多了。这或许是出自一种技术邪恶论（科技的发展往往带来不可预知的灾难性后果），或是来自一种可以理解的人类中心主义的忧虑（人工智能会替代人类）。如果仅仅看到"坏"的一面而去抑制乃至反对科技发展，这是否让我们显得像当年反对火车的人一样愚昧？

当然，一个不可避免的问题是：AI 和火车是可以类比的挑战吗？跑不过火车不可怕，因为火车始终只是火车；但下棋下不过 AI，那就是质的不同了。的确，如果把蒸汽机为代表的发明视为第一次机器革命，而把当下的数字化技术和人工智能作为第二次机器革命，那么显然后者对人类的挑战更为深远。美国评论家 ThomasFriedman 在多年前就不无忧虑地说出了许多人的心声："人类和受软件驱动的机器，可能正在日益变成替代关系，而不是互补关系。"

然而，这恐怕不是真的，至少眼下不是。不妨做个简单的假定：如果现在人类消失了，那这些智能的机器能够自动进化并统治这个世界吗？这显然是不可能的。正像机器人研究专家 HansMoravec 所说的："如果让计算机展示成人水平的智力测验或者玩跳棋是一件相对容易的事情，但当涉及知觉和机动性时，即使让计算机完成一岁幼儿的某些技能，也是非常困难或者不可能的。"

这就是所谓莫拉维克悖论："人工智能和机器人研究领域与传统的重要发现不同：高层次的推理几乎不需要计算，但低层次的感觉运动技能则需要大量的计算。"这就是说，对我们人类来说很难的问题，对人工智能而言则很容易；对人类很容易的问题，对人工智能却很难。这样说来，如果电脑击败了围棋九段，我们不必惊讶；如果它炒菜胜过了一名普通厨师，我们才应该吃惊它是怎么做到的。

每一次新工具、新机器的发明，在给一部分人造成挑战的同时，最终都变成了社会更进一步发展的驱动力，因为正是有了这种挑战，才使得不断进步成为可能。如果说第一次机器革命的发明大多是人类手臂的延伸，那么当下的智能技术则意味着大脑的延伸和强化。

随着科技的发展，超智能机器的出现是不可避免的，一些大胆的预测者甚至早就猜想过这样一个未来。曾获诺贝尔经济学奖的 HerbertSimon

在 1965 年就说："在 20 年之内，机器将能够做人类所做的所有工作。"他的预言也许只是错在这个时间点上。许多人可能会被技术进步替代下来，然而也正是这样，人类才可以获得更充裕的财富和空闲时间去做更有创造性的事。

没有必要去恐慌这样一个未来。我们也许将变得越来越离不开机器，然而那也意味着我们能借助前所未有的强大工具来探索更多可能性。人工智能的发展也将使我们更清楚地意识到"人之所以为人"的那些东西——要电脑模拟人类的理性、计算是容易的，但正如神经学专家安东尼·贝尔曾说的："人类的大脑之所以难以理解、更难以充分模拟其功能，主要问题就在于，大脑设计具有自组织、无秩序、不规则的特性。"

正是这些特性，使得人区别于按逻辑运算的机器，也有着有时难以解释的创造力。简言之，人本身就是一个混沌、复杂、无序的现象。据说毕加索曾嘲笑计算是"无用的"，因为"它们只会给你提供答案"。对人类而言，也许越来越重要的是去提出问题，而可以把解答问题的工作交给电脑。

·摘自《读者》（校园版）2018 年第 1 期·

滚蛋吧！干货

Junitille

"你再不学就晚了！"

这是时代发出的召唤，是社会吹响的号角，反映了人们渴望获取最新的信息和知识，以免被时代抛弃的心态。于是，知识付费正当其时。与其说知识付费提供了知识服务，还不如说是一种知识的新传销，导师、大咖们则充当了"知识代购""知识二道贩子"的角色。

当你读到"关关雎鸠，在河之洲"时，有人迫不及待地告诉你，这句话翻译成大白话就是"水鸟关关地叫着，栖居在河中的沙洲"；当你打开《追忆逝水年华》，发誓这次一定要把它看完时，有人抛出"10分钟了解一本书"的攻略来引诱你；当你打算去看斯皮尔伯格的《头号玩家》时，发现网上各种剧透已经铺天盖地——原著与电影的16处关键区别、电影的 140 个彩蛋等。随着"干货至上"思维在移动互联网时代的全面铺开，二手知识成了一粒消食片，还没等你张口咀嚼，还没等你开卷有益，还没等你启程上路，就已为你整理消化，为你闭门造车，为你预设前路。

《十分钟读懂英国史》《一读就懂的经济学理论》《股票新手快速入门N大招》……你读什么类型的书，你就会成为什么样的人；你付出多少，就收获多少；读几分钟就能入门的书，你就只能掌握那几分钟的信息。

"干货思维"让人厌倦了"落霞与孤鹜齐飞"的诗情画意，也懒得主动打开脑洞，去还原和理解"秋水共长天一色"的真实意境，因为知识代购已经把"现货"丢给了他们："这是王勃《滕王阁序》里的名句，描写落日时的美丽景色。"如果只看整体把控和理解，准确、满分；但若细究具体理解和思考，空缺、零分。

哪怕是"大旨谈情，实录其事"的《红楼梦》，也被知识二道贩子们精减为一部"以宝黛钗的三角恋和婚姻故事为主线，描写了以贾宝玉和金陵十二钗为中心的歌颂有情人的人性美和悲剧美的名著"，大有语文试卷阅读理解题里"概括全文中心思想"的标准答案风范。

热衷和依赖二手知识这粒消食片的另一面，是对一手知识和资讯的恐惧。你一边感叹一手阅读太复杂、太头疼、太花时间，一边将主导知识的主动权让渡给了知识代购者。

这也就不奇怪，那些把管理课程歪曲为浅薄成功学、把《三国演义》当厚黑学解析、口口声声传授你"金融入门知识"却总能在知识传销里赚取佣金的导师，一次又一次主导了你的阅读内容和思维模式，一次又一次让你收获二手知识。更有甚者，那些以"青年导师"面目出现的导师，他们给你的人生指点方向，指导你该怎么想、怎么做。你的知识体系是二手的，你的体验、三观也是二手的——你的整个人生，终将是二手的。

依赖二手知识、二手体验的后果是，你将生活在一个言论被他人左右、价值观被他人塑造、人生被他人重塑的空间。长此以往，轻则导致一手知识消化不良，重则造成阅读障碍而伤及智力。不信请看高尔基的名言："懒于思索，不愿意钻研和深入理解，自满或满足于微不足道的知识，都是智力贫乏的原因。"

其实，以干货和速成学为核心的二手知识也讲究套路，简要概括一下就是：忽略细节，直取结果；只说道理，不谈原理。

二手、二手的二手乃至十手，未来我们真的只能接受这种被反刍再反刍的知识？想想就觉得荒诞。话剧导演林奕华曾说："看戏其实跟阅读很相似，是'二手人生'，它能给你提供一些情感上的经验，但还是有很多东西要你自己去经历。"

其实，一次对阅读和生活的自我体验，远比你接受一百条通过知识代购得来的二手资讯重要。那就扔掉信息消食片，推走二手代购车，建立起属于你的一手知识体系，掌控好属于你的独一无二的人生吧。

·摘自《读者》（校园版）2018 年第 17 期·

别只盯着钱

薛兆丰

很多人以为在经济学家眼里只有钱，但我要告诉你，再好的经济学家眼里永远不会只有钱。他会看到事物的所有方面。

我们去淘旧货，选择便宜的东西时，货币成本比较低，但货币成本只是全部成本的一部分。除了钱给得少一点，别的东西都给多了——你的时间成本增加了，买到假货、劣货的可能性增加了，这些都是你淘旧货的成本。所有这些成本加起来，才是你淘旧货的总成本。

所以当我们做决定的时候，不应该只看着钱，而是要看到所有的成本。

比方说，你住的地方离公司远一点，房租当然会低一点，但是你同时又付出了时间，这都得算到成本里面去。

我们在便利店买东西，货币成本更高，但是在那里买东西，你能省很多时间，避免很多麻烦，这时候你的总成本可能是较低的。

国防预算是政府开支当中很重要的一块，给士兵付钱是其中很重要的一部分成本。有人就认为，如果我们把征兵看作一项义务，让国家通过一项法律，规定所有适龄青年都有义务应征入伍，那么，只需一纸法律，便能省好多成本。因为这样的法律一旦通过，当兵就是年轻人的义务，政府让你当兵，想给多少钱就给多少钱，这样不是能省很多国防开支吗？

这样的想法很有问题，因为他只盯着钱。没错，这样征兵的话，政府付出的货币成本是比较低，但是他没有看到另外一个重要成本，就是放弃了的最大代价。

一个青年应征入伍以后，就不能从事其原来的职业了。这样国家虽然多了一个廉价的士兵，但是可能少了一个化学家，少了一个小提琴手，少了一个企业家。所以总的来说，义务兵制的成本是非常高的，因为它放弃的部分的代价是不可估量的。

那么，兵源问题应该怎么解决呢？最好的办法是把义务兵制改为志愿兵制，政府出钱请士兵。政府说"我出 1 块钱请你当兵"，当然没人愿意，出两块钱也没人愿意，出 100 块、1000 块呢？最后出到 2000 块可能就开始有人愿意了。

第一个愿意接受 2000 块钱就去当兵的人，他是在别处机会最少的人，也是认为当兵能给他带来最大满足感的人，这种人是最适合当兵的。也就是说，政府能够以最低的代价雇用到最合适的士兵，这才是我们解决兵源问题的好办法。

我们不仅要看到货币成本，还要看到钱以外的其他成本。每次做决策的时候，我们要权衡的是全部成本，而不仅仅是货币成本。

·摘自《读者》（校园版）2019 年第 6 期·

几种真正有效的学习方法

万维钢

2017 年，美国的一个教育研究小组，提出了一个儿童早期教育的规律，叫"凋零效应"，是说如果你快速给学生灌输一些知识，的确能让他们迅速获得成绩优势，但是这个优势总是保持不了多久就凋零了。其实凋零效应不仅限于早教，所有的教育都有这个规律。

这是因为能突击灌输的知识，都属于"封闭式"技能，也就是说都是一些按照规定动作操作的流程。这种知识包教包会，但是缺乏累加作用，不能成为继续进步的基础。要想让别人没那么容易赶上你，你需要掌握的是"开放式"的技能——这种技能可以跟别的知识发生连接，有复利效应。

但是开放式的技能学得慢。有几种真正有效的学习方法，它们的共同特点就是慢。但实践后，你会意识到，"输了现在，赢得未来"的功夫，才是真功夫。

一

美国空军学院是个很大的教学机构，教学严格而且非常系统化。学院的基础课程是两个学期的微积分，"微积分Ⅰ"和"微积分Ⅱ"。有经济学家专门对空军学院教微积分的方法做了一番研究。

空军学院先把学员随机分成几个班，每个班讲课的老师不同，但考试题目和评分标准是完全一样的。而且上完"微积分Ⅰ"之后还会随机分一次班，再上"微积分Ⅱ"。用这个制度特别容易看出来哪个老师教得好，哪个老师教得不好。

这些老师可以分成两类。第一类老师特别善于让学生考出好成绩。他们把课程讲得很顺，知识点有板有眼，解题流程清清楚楚。学生完全知道自己在课堂上学到了什么，练习非常有针对性，考试也充满信心。第一类老师教的，是快功。

而第二类老师教的是慢功。他们经常给学生讲一些规定内容以外的东西，比如把微积分思想和物理学的知识联系起来。他们希望学生对微积分能有更深入的理解……而这些都不能直接用在考试上。学生听了课，回去做练习题，都得自己想办法解决，因为老师没有进行针对性的套路训练。可想而知，这些学生的考试成绩就不怎么好。

学生普遍更喜欢第一类老师。

但是，经济学家用数据证明，喜欢给知识建立连接的第二类老师，教的才是真功夫。研究者关心的不是学生在"微积分Ⅰ"中的考试成绩，而是他们是不是真的掌握了微积分——而这体现在学生在后续课程（比如"微积分Ⅱ"），以及在会用到微积分的科学和工程课程中的表现。结果非常明显，第二类老师教出来的学生，在后续课程中表现得更好。

有的老师教应试技巧，有的老师教真功夫……连学生都喜欢第一类老师，他们可能已经忘了，学习不仅仅是为了考试。

二

对有经验的老师来说，想要让学生学得又快又能在考试中取得好成绩，是比较容易的。最好的办法就是直接练习：教一遍操作规则，然后马上用这个规则去做练习。

比如，今天讲的是数学，那就分析一种题型，总结一个解题套路，讲完课马上让你做 10 道相同题型的练习题。你会做得非常得心应手。第二天马上测验这个题型，你的成绩肯定好。

可是，现实生活中的问题是这样的吗？比如，你今天下午会在工作中遇到一个难题，你能先在上午学学解决这个难题的套路吗？不可能。问题都是猝不及防的，有的是你从没见过的新题型，你需要的不仅仅是怎么操作，你先得能判断该用哪一招才行！

正确的方法是混合练习。每次练习中都应该是混合的题型，每做一道题都得临时判断该用哪个套路，这才有点学以致用的意思。

如果你想学习欣赏名画，你希望拥有看到一幅画就能判断它是哪个画家的作品的能力。一个方法是你依次学习鉴赏每个画家的作品，比如先连续看 10 幅毕加索的画作，再看 10 幅塞尚的画作，再看 10 幅勒努瓦的画作；另一个方法是把他们的画混在一起，一个一个分别判断。第二种方法会让你出很多错，但是它更能加深你对不同画家风格差异的认识。

甚至有研究发现，连练钢琴都应该使用混合方法。比如，我们现在要学一个高级技巧：在 0.2 秒之内，用左手跨越 15 个琴键做一个动作。研究者规定每人可以回家练习 190 次。有的人回去就只练这个动作，而有的人则是交叉练习了跨 8 个、12 个、15 个和 22 个琴键……测验结果发现，混合练习的这组人的掌握程度明显更好。

有句格言叫"手里拿着锤子的人看什么东西都是钉子"，其实说的就是那些只会演练自己那有数的几个套路而不知道变通的人。混合练习，每一次都现场判断该用哪一招，能帮你克服这个弱点。

三

心理学上有个说法叫"有利的困难"，意思是说有困难，才能让你深度学习。

要加深对新知识的记忆，一个办法是先测验后学习。这个知识点你还没学过，上来就测验肯定很容易答错，但是这就对了，犯错能让你的印象更深。

另一个方法是有意识地设置时间间隔。不要追求在几天之内突击学完一个课程，最好的办法是同时学几门课，今天学完这个，放一两天不学它，隔一段时间之后再学。

几天之后回来，当你提取这段记忆的时候，你会感到有点困难——有困难就对了，这就是我们想要的那个"有利的困难"。克服困难才能深度学习。

学习，真是一个有意思的活动。人人都知道逆境可以让人学会新东西，什么"吃一堑，长一智""不经历风雨怎么见彩虹"——可是真要学习的时候，人们还是希望老师把什么东西都讲清楚，让自己顺顺当当地考个好成绩。

2007 年，美国教育部搞了一次大规模的研究，调研了很多老师和学生，想弄清楚到底什么学习方法是真正有效的。结果经得起科学检验的方法只有前面提到的这几个：建立连接、混合练习、间隔和测验。

也许后发才能先至，也许慢功夫才是真功夫。遭遇困难才是真的学习，这大概也是学习的门槛。因为有这个门槛，才能把行的人和不行的人分开。如果你是行的人，你会很高兴门槛是这样的。

· 摘自《读者》（校园版）2020 年第 18 期 ·

用经济学底层思维看点球

罗振宇

懂足球的人都知道，罚点球的成功率是极高的，大概是75%，近乎一罚就中。因为点球的速度极快，时速都在100千米以上，所以守门员在球飞过来的时候再去判断方向，根本来不及。这个时候守门员唯一的策略就是，赌定一个方向，朝左边或者右边扑过去。

对于罚点球的人来说，存在多种选择。第一种选择是往左边或右边踢，这实际上是跟守门员做概率上的对赌。第二种选择是往左上角或右上角球门门框的位置踢，因为即使守门员对方向判断准了，一般也扑不到这两个位置。但是，朝这两个位置踢，需要很厉害的准头。为什么踢点球很容易踢飞？往往就是选了这两个位置中的一个。

还有一种选择，就是踢向球门中间，直直地往守门员站的位置踢。

按照大数据分析，守门员往左扑的概率是百分之五十几，往右扑的概率是百分之四十几，而留在中间的概率只有百分之二。也就是说，如果你是一个懂数学、懂大数据分析的罚点球的运动员，你最理性的选择就是往中间踢。

但是，为什么几乎没有人往中间踢呢？经济学分析告诉我们，因为这不符合踢球者本人的利益：往左上角或右上角踢，如果踢飞了，可以归结为运气不好；往左边或往右边踢，让守门员给堵出来了，也可以说运气不好；唯独往中间踢，万一这个守门员是个笨蛋，反应慢了半拍，没来得及扑向左边或右边，你的球让他扑住了，那么所有的观众，包括评论员都会觉得：你根本就没用心，是一个没有出息的球员。

输赢是全队的事，又不是我一个人的事，我为什么要以自己的名誉为代价，去赌一个更高的概率呢？我为什么不显示一下我的球技，选择一个即使输了还有托词的选项呢？所以，最理性的方案，不见得是每个人基于自己的利益考量而最终会选择的方案。这就是经济学的魅力。

·摘自《读者》（校园版）2018 年第 6 期·

破解"一毛不拔"

孙惟微

大约 40 年前，以色列银行的经济学家迈克尔·兰兹博格，研究了"二战"后以色列人在收到德国政府的战争赔款之后的消费问题。

研究对象们都收到了一笔来自联邦德国的赔款。这笔抚恤金是用来赔偿纳粹暴行的，但对于获得赔偿者而言还是相当意外的。

结果很让人惊讶。拿到较多补偿金的人（金额相当于他们年收入的 2/3），花费率只有大约 23%，其余都存了起来。相反，拿到补偿金最少的人（金额相当于他们年收入的 7%），花费率达到了 200%。没错，他们每拿到 1 元钱，不仅花得精光，还连带地从积蓄里再花掉 1 元。

人们会根据一次性获得收入的多少，把这些收入放入不同的"心理账户"中。

　　比如拿到的退款或红包的数额很小，像是三五百元，你很可能会大手笔地买一双 600 元的皮鞋。可是，如果拿到 3 万元的退款或奖金，你却可能舍不得浪费，虽然你实际上买得起更昂贵的鞋子。

　　生活中，常有这样的怪现象，高收入者对待消费的态度更谨慎，低收入者反而在花钱时大手大脚。这种奇怪的现象，连心理学家都难以用三言两语解释清楚。倒是《故乡》里的"豆腐西施"杨二嫂，一语道破天机："愈有钱，便愈是一毫不肯放松；愈是一毫不肯放松，便愈有钱……"

　　收入稍高者，或家底本来就殷实的人，对如何打理财富会更上心。财富数额愈大，就愈让人谨慎，"花费率"反而降低；收入本就不高的"月光族"，则是严重的"烧包"。这也就是孟子所说的"无恒产者无恒心"，所以，也就出现了"大钱小花，小钱大花"的怪现状。

　　光怪陆离的世相背后，其实是有规律可循的。

·摘自《读者》（校园版）2016 年第 4 期·

诺贝尔奖奖牌背面的图案是什么

百　科

自 10 月 3 日起，2016 年度诺贝尔奖陆续揭晓。大家关注奖项花落谁家的同时，很多人也对奖牌充满好奇。其实，诺贝尔奖奖牌从 1902 年开始就没变过。正面是诺贝尔的肖像，背面图案根据各种奖项有所不同，但都寓意深刻。

生理学与医学奖奖牌的背面图案为一位膝上摊着书的女神，她一只手扶着病人，另一只手在接泉水给病人喝。诺贝尔奖官方没说明这是希腊神话中的医药女神帕那刻亚、卫生女神许癸厄亚还是健康女神阿克索。这三姐妹是医神阿斯克勒庇俄斯的女儿。

物理学奖和化学奖奖牌的背面图案中，左边的女神是伊希斯，是古埃及的母性与生育之神，她手中拿的是丰饶之角——装满鲜花、水果、谷物的羊角;右边是科学女神,正掀开伊希斯的面纱。在西方文化中,"掀开伊希斯的面纱"指代破解神秘现象。

文学奖奖牌背面的图案是希腊神话中的缪斯女神(左)演奏着七弦琴,一个年轻人(右)坐在月桂树下,边听边记录。月桂树是荣誉的象征。缪斯女神有 9 位,奖牌上这位是司爱情诗与抒情诗的女神。

和平奖奖牌由挪威一位雕塑家设计,所以画风略有不同。背面图案为 3 个男人组成的纽带,周围镌刻着"为了人类的和平与友谊"。

另外,诺贝尔经济学奖 1969 年才首次颁奖,奖牌背面图案的主体是瑞典中央银行。

· 摘自《读者》(校园版)2017 年第 1 期 ·

高概率和低概率

侯美玲

泰德·威廉斯是棒球史上极其优秀的棒球手，他的击打率在四成以上。

对于为什么能有如此高的击球率，威廉斯并没有遮遮掩掩，他在《打击的科学》一书中，向世人分享了自己的击球技巧。在威廉斯看来，棒球击球区域可以划分为 77 个，当球进入最理想区域时挥棒击打，就能保证四成以上的击打率。如果勉强去击打位于最边缘位置的球，击打率会下降到三成以下。也就是说，为了保存体力并取得最好成绩，威廉斯只击打高概率球，对于那些低概率球一律放弃。

威廉斯的技巧既富含科学道理，又有实践经验做支撑，但还是遭到了一部分人的质疑。想象一下，球场上有上万名观众在呐喊助威，球员是站在那里等待高概率球，还是挥舞球棒击打飞来的每个球呢？真实情况是，为了不让观众觉得自己"懒惰""没用"，大多数球员选择了后者。

无独有偶，以色列经济学家阿扎尔对足球门将扑点球做过统计：当门将待在中路时，扑住点球的概率为 33.3%；而扑向左路和右路，扑住点球的概率分别为 14.2% 和 12.6%。照此统计来看，罚点球时，门将最应该待在中路。可实际情况是，只有 6.3% 的门将选择守在中路，剩余 93.7% 的门将会根据自己的判断左右出击。通过心理因素分析，阿扎尔认为，一旦站在球场上，门将很容易被周围的气氛感染，对高概率一说置若罔闻。对他们来说，表现神勇显得更重要。

威廉斯说："要想取得高击打率，根本不需要打每个球，只击打高概率球就可以了。"也就是说，我们只用耐心等待好球出现，然后发力一击就可以了，完全没有必要不管青红皂白地胡乱挥棒击打。可在现实生活中，又有多少人能从容面对低概率球呢？

·摘自《读者》（校园版）2019 年第 2 期·

答案是如何诞生的

沈嘉柯

复克斯是个数学家，他常常不怎么做课前准备，对于要讲的内容，多是在课堂上现场思考、现场推理。于是常常发生这样的情形：某个问题在黑板上推理不下去了，他就会再想一种方法，有时候一连要换好几种方法，但最后他总能推理出结果来。

这似乎说明这个老师不怎么棒，但奇怪的是，希尔伯特和很多学生都选择听他的课。

因为这种授课方式比任何道理都富有启发性。这种几经碰壁终于找到解法的探索过程，在教科书上是无论如何也看不到的。

听过他课的学生，后来多成为名家，其中希尔伯特的成就尤其卓越。

只要提到他的一个成就，我们就知道他有多卓越——引导 20 世纪数学发展方向的"希尔伯特问题"，其中之一便是哥德巴赫猜想。

最高明的学习，就是用心掌握整个探索过程，知道答案是如何诞生的。

X 型阅读和 Y 型阅读

伊 森

什么是 X 型阅读人和 Y 型阅读人呢？

希望到某个国家旅游时，便会购买该国的旅游手册；在工作或学习中遇到问题时，便会找书来看，试图解决问题；对某个领域感兴趣时，便会购买该领域的书，试图增进自己对该领域的理解……这样的人是 X 型阅读人。X 型阅读人是求知者，其目的在于满足自己求知的欲望、填补自己知识的缺口，找的是知识。

看完《孙子兵法》后，便明白"虚则实之、实则虚之"的策略来自人性；看完《零工经济来了》，便明白多重职业将是未来趋势；看完一本书，便找出这本书所说的"规律"……这样的人是 Y 型阅读人。Y 型阅读人是规律追寻者，找的是普世智慧，找的是趋势，找的是事物发展的规律。

一个人的阅读过程必然先从 X 型阅读开始，并在积累到某种程度之后，有机会向 Y 型阅读迈进。

Y 型阅读人是真正见林又见树的。当你成为 Y 型阅读人，你会发现许多作者写作所秉持的观念都来自某个规律，其写出来的内容只是由规律变化而来的。

所以，阅读最重要的目的，是找出一本书所透露的规律。当一个人积累的规律越来越多，或者说得到的普世智慧越来越多，处事就越有智慧。当一个销售员走进门对你微笑时，你能明白那是因为他知道这样能让你对他有好感；当汽车销售员先带你看比较贵的车子，再带你看比较便宜的车子时，你能明白他用的规律是"锚定效应"；当你走在街头有人送小礼物给你，并希望你能到附近的健身中心体验一番时，你能明白他用的规律是"互惠原理"；当有人希望你帮他个小忙，你答应了之后，他过几天希望你再帮一个忙时，你能明白他用的规律是"一致性原理"。

我们了解的事物的规律越多，就越能做一个明白人。

·摘自《读者》（校园版）2018 年第 16 期·

荷兰式开门法

朱永波

迈克尔·查尼是一位骑行爱好者，在一次野外骑行中，他和朋友阿曼达沿着一条公路高速骑行，一辆停在路边的汽车突然毫无征兆地打开了车门，阿曼达"咚"的一声撞在了车门上，当场死亡。

一个如此热爱生活的年轻人，仅仅因为司机一个粗心的动作瞬间就被夺去了生命，迈克尔的内心难以接受，他下决心要尽自己的努力来避免类似的悲剧再度发生。

在去荷兰旅行时，迈克尔惊奇地发现，被称为"自行车王国"的荷兰，自行车比人还多，然而这里却很少有因开车门而引发的事故。

经过一番了解，他发现，荷兰的司机总是用距离车门较远的那只手开车门，而不是用挨车门近的手开门。这样，车里的人开门时上半身会随之转动，头部就会很自然地向外看，这一个完整的动作就能避免很多不必要的事故发生。荷兰人的这种开车门法是从驾校就开始灌输到每个人的头脑里的，北欧不少国家的人们也深受影响。

荷兰人的这种反手开门法既简单又实用，迈克尔被深深折服了，但最让他佩服的是荷兰人对生命的尊重和超强的社会责任感。

回国后，迈克尔通过媒体大力宣传这种开门法，还注册了一个名叫"荷兰抵达"的网站，宣传这种"荷兰式开门法"以及相关人文理念。在迈克尔的努力下，"荷兰式开门法"迅速在全球火了起来，这种方法的推广也挽救了无数人的生命。由于迈克尔在推广"荷兰式开门法"方面做出了突出贡献，当地政府和相关民间组织还对迈克尔进行了表彰。

迈克尔感慨地说："麻烦里藏着挽救生命的秘诀，而一个不怕麻烦的简单动作反映出来的不仅仅是个人的素养，还能折射出一个社会的文明程度！"

·摘自《读者》（校园版）2017 年第 24 期·

新 词

佚 名

谜之 × ×

有一种网络语结构颇为流行，叫作"谜之××"。看看最近的一些新闻标题吧，《孙俪谜之御寒法逗翻网友》《扎克伯格的谜之自信：NewsFeed 改变了整个互联网行业》，此外，还有什么"谜之微笑""谜之感动"……简直无事不"谜"。

所谓"谜之××"，指的是不可思议的、令人捉摸不透的事情，感情色彩有褒有贬，需要根据语境来判断。比如说"谜之感动"，指的就是还没弄清楚怎么回事就感动了；"谜之微笑"，说的是捉摸不透、难以名状的微笑；再如网友们经常说"直男癌"有着"谜之优越感"，就是说"直男癌"尽管一无是处，却莫名其妙地有着很强的优越感，这便带有明显的贬义了。

据网友们考证，"谜之××"的说法来自网络游戏，当玩家等级低或在迷宫中打出来的物品不能自己鉴定时，所看到的物品会显示为"谜之××"。事实上，这种说法是受了日语句式的影响。不过，现在"谜之××"已成了地地道道的现代汉语，并且"谜之"还慢慢演化成了"秘制""蜜汁"。

腿癌

近年来，网友们喜欢用"×癌"来形容人在某方面"无药可救"。例如"懒癌"形容人懒到极点，"丑癌"是说"颜值"太低。那么"腿癌"是指什么呢？

在日常生活和影视剧里，经常会见到一些人和对方因小事吵架后，明知是自己的错，追上去解释一下就可以化解矛盾，但他们站着不动，让事情变得越来越严重。人们对这些人很无语，所以调侃他们患了"腿癌"。

吵架时，有些人会一时冲动说一些过头的话，他们觉得，说出去的话如同泼出去的水，怎么都收不回来，事后向对方承认错误，实在很没有面子。其实，勇于承认自己的过错，是一种很可贵的品质。生活中，拌嘴在所难免，但千万别让"腿癌"破坏了亲情、友情和爱情。

斜杠青年

源于作家麦瑞克·阿尔伯撰写的《双重职业》中"slash"一词。斜杠青年往往有几种职业身份，他可以一边写文章一边当歌手，还可能兼职做一名茶艺师。历史上最著名的斜杠青年当数达·芬奇：他是画家/雕塑家/发明家/哲学家/音乐家/生物学家/医学家……

理呆

指对科学知识有所涉猎，但没有真正理解和掌握，缺乏提出问题、分析问题、解决问题的能力，从而显得"呆"的人。也指理科很好，其他方面却一窍不通的人。与"理呆"相呼应的另一个新词是"文傻"。

送你上墙

网络用语，"点赞"的升级版。当网友发现有价值或有趣的内容时，会主动点赞，并让它展示在显著的位置，希望更多的人能看到。比如："你说得真好，我们不仅要点赞，还要送你上墙！"

原著粉

原著粉，就是网络小说或其他文学作品的粉丝，他们只忠实于原著的内容，相比一般观众，他们对故事情节的逻辑有着吹毛求疵般的要求，有的时候近乎偏执。一些制片方看重这些粉丝的基础，把一些网络小说改编为电视剧，想以此提升电视剧的收视率。但如果改编的不好，电视剧的内容与原著的差别太大，这些原著粉就会攻击电视剧，甚至会影响电视剧的收视率。

LOB 头

LOB 头就是 longbob 头，意为"长波波头"，长度标准是发尾在下巴和肩膀之间。而在 LOB 头中，有一种凌乱蓬松、看似"今天没睡醒，懒得梳头"的发型又被称为"睡不醒头"。LOB 发型是 2015 年女星中最火的发型，已经成为时髦潮人的标配了。

据悉，这种长款的 LOB 头适合于从下巴下面到锁骨上方的任何长度。国外媒体还整理出了一个 2.25 英寸（约 5.715 厘米）的黄金比例，只要你的耳垂到下巴的长度小于 2.25 英寸，你就很适合短发；如果大于 2.25 英寸，还是乖乖留长发吧。

雅创客

"雅创客"，即 Yuccies，指城市里年轻的创意人群。他们从小衣食无忧，接受优质的教育长大，有梦想，并且敢于付诸实践去实现自己的梦想。快速致富当然好，但是，快速致富的同时能够保有创新自主权，才是雅创客之梦。大学毕业后，雅创客们大多不会走传统的事业发展路线，而是投身于忙碌的创业大军，就算收入减少也在所不惜。

德勤公司 2014 年的调查显示，"00 后"中有 60% 的人在选择工作时，看重公司的使命感，只有 12% 的人把个人所得作为优先考虑的因素。

微信巨匠

所谓"微信巨匠"，就是指推送的文章阅读量达到 10 万 +、每篇都引起极大关注，语气不容分说，态度坚决极端，以看似正确但实则偏激，能激起读者共鸣以获得转发的微信公众平台运营者。

打开全文

这是近来日渐流行的一种网络新文体。所谓"打开全文"，是指在书写、传播段子或笑话时，将"包袱""谜底""彩蛋"之类内容设置在"打开正文"后呈现，让"包袱"更响，让"彩蛋"更亮。它有约 30% 的搞笑、40% 的恶作剧以及约 20% 的调皮机智。

晕倒粉

见过那种见到偶像后完全失控的粉丝吗？他们就是"晕倒粉"。"晕倒"只是一个比喻，它的具体表现为失声、失禁甚至失足等。见到这种"粉"，我只想捂住五官，冷淡面对。

生无可恋脸

比较老土的说法是"死人脸"。人"面无表情"是冷，而演化为"生无可恋脸"，则是将本来放在冰箱里的"脸"挪到冰库，更凛冽，更无助。

这种冷是不是已经超越了"男神""女神"们专用的"高冷"？我终于可以出门嘚瑟自己的生无可恋脸了。

·摘自《读者》（校园版）2017 年第 5 期·

新 词

方 圆

时间饥荒

指一种极为常见但并不令人愉快的感觉，就是似乎每个人都觉得时光匆匆，时间不够用。这与现代人快节奏的生活方式有关，同时也是现代人对自身压力的一种反馈。研究人员指出，应对时间饥荒的方法包括记时间日志、改变自己的语言、详细安排自己的时间等。

理性留学

理性留学，顾名思义是指理性地送孩子出国留学。如何理性留学？首先，要考虑到孩子的个性，他是否适合留学；其次，要问问孩子，是否愿意留学；再次，要有规划，怎样留学，出国之前，要做好时间规划、目的地规划、院校规划、学习规划、生活规划乃至就业规划，等等；最后，还要了解留学所在地的法律、规则、文化、教育制度、行为思维模式，等等。

阅读焦虑

阅读焦虑是指学生在阅读过程中产生的一种恐惧不安的紧张心理，而且阅读焦虑与学习成绩相关。当学生感觉阅读材料很难时，阅读焦虑就会升高。而社会性的阅读焦虑主要表现在不爱阅读，但喜欢转发一些与阅读有关的心灵鸡汤；喜欢在"读书日"这天加入对阅读无节制的"赞美"中来；大人不阅读，却期望孩子从小手不释卷……最终，谈阅读"理想"的人多，真正阅读的人却少。

呆若继科

出自乒乓球运动员张继科，形容一个人发起呆来的样子像张继科。在一档综艺节目中，与张继科对阵期间，谢娜与江一燕这对"车厘子姐妹花"变身"乒乓球女神"，一展扣杀球实力，令张继科大吃一惊，其呆萌表情走红网络，被形容为"呆若继科"。

·摘自《读者》（校园版）2017 年第 1 期·

那些奇奇怪怪的疾病

璧合子

笑死病

"笑"是快乐时的一种情感表现，怎么会是病呢？笑死病也叫"苦鲁病"，这种病的特征是患者突然大笑，肢体摇晃。休息一会儿后，患者的症状会减轻，但是得病 1~3 个月后，患者会开始摇摆，走路蹒跚，站立不稳，眼睛斜视，说话不连贯，最终死掉。

笑也会有生命危险，听起来很吓人吧？别担心，美国医生丹尼尔·卡尔顿·盖杜谢克早已攻克了这一医学难题。他发现这种病只发生在新几内亚福尔部落，因为当地有一种不健康的习俗导致了病毒传染。于是，这一习俗被禁止后，笑死病随之消失了，而这位医生也凭借这个发现获得了 1976 年的诺贝尔生理学或医学奖。所以，请放心地笑吧！

吸血鬼症

东方的僵尸，西方的吸血鬼，原本都只是故事里杜撰的角色。可现实里，真的有"吸血鬼症"这种罕见病哦！身患这种病症的人惧怕阳光，他们的皮肤暴露在阳光下会起水泡，会感到疼痛和灼热。

这种病在医学上叫作"卟啉症"，不过大家还是习惯叫它"吸血鬼症"，这是为什么呢？首先，吸血鬼以吸血为生，这种病的患者也是如此，因为血液中的血红素能有效缓解症状，早期的卟啉症患者要通过喝血补充血红素（现在可以输血）；其次，吸血鬼讨厌大蒜，"吸血鬼症"患者也是如此，因为大蒜中的某些化学成分会让他们的病情恶化，带来疼痛和其他症状；第三，吸血鬼不敢见太阳，而"吸血鬼症"患者通常也只能生活在黑暗的环境中，因为患者体内的卟啉接触阳光后会转化为可以吞噬肌肉和组织的毒素，而主要的表现之一就是腐蚀患者的嘴唇和牙龈，使他们露出尖利的、狼一样的牙齿。因此，很多人认为卟啉症就是吸血鬼故事的来源。不过，"吸血鬼症"患者和吸血鬼有一个很大的不同：传说中的吸血鬼长生不老，可是"吸血鬼症"患者很短命。

苏萨克氏症候群

这病名听起来很复杂，是什么怪病呢？简单来说，患这种病的人记忆力很差。差到什么程度？患者最多只能记得 24 小时以内发生的事情。

想想看，24 小时也就是一天，患这种病的人今天完全记不得前天发生了什么事。身边的亲人和朋友如果不能每天出现，患者就会忘记他们，这对他们来说，是多么沮丧的一件事。有一位女患者曾说，她只剩下现在，没有过去——当然，她早已忘记了自己说过这句话。除此之外，患者还会头痛、畏光，视力、听力和平衡能力也会受到影响。所以，能拥有过去的记忆，也是一件幸运的事呢。

睡美人症

《睡美人》这个童话故事相信大家一定不陌生，故事里的睡美人在王子将她吻醒后，就过上了幸福的生活。可是，得了睡美人症的人就很苦恼了。

睡眠对于我们来说是非常必要的休息方式，可以恢复精力，缓解疲劳，但睡美人症却让人睡得太多了。患者会连续睡上好几周，甚至好几个月。要知道，人类是不需要冬眠的。而且在沉睡期间，患者除了自己醒来吃东西、喝水之外，任何事都叫不醒他们。待这段沉睡期过了之后，他们就不记得这段时间发生的事了。而在清醒的时候，患者其实也不是特别"清醒"，不少患者说他们会对所有的事失去注意力，对声音和光却非常敏感，女性患者中有部分会产生抑郁表现。

看吧，及时醒来也是健康的表现哦！

·摘自《读者》（校园版）2015 年第 5 期·

表情包占领世界

谢 石

　　我最近突发奇想地做了一个实验——如果不打字，单靠发表情，我们能跟朋友聊多久？

　　结果，纯表情聊天非但没有卡壳，反而异常顺利。科技改变了我们的生活，但是没想到它也深深地改变了我们的交流方式——如果没有表情，有些话还真不知道怎么说出口。表情包里扮成清朝后宫妃嫔的女孩扭着头说"拉下去杖责二十"，要比直白的调侃来得更有效；我也不需要特意写出"晚安"两个字，仅靠一轮月亮的画面就能传达；而想要跟人打招呼的方式也早就不是一本正经的"你好"了。表情包里有海量的选择，有没长黑眼圈的熊猫坐在马桶上，一边刷手机一边挥手说"Hi"；还有脖子上拴着铃铛的猫，一手拿着火药一手拿着火柴，热情地喊着："起来嗨！"

　　更有趣的是，聊天表情的主要阵地已经不再是熟人之间的调侃和寒暄，它也开始占领谈正事儿的工作场合。动态图里笑着握手的画面胜过单薄的一句"合作愉快"。如果你留心收藏的话，表情包还能让你瞬间掌握数百种"谢谢老板"的方式。

表情包正逐渐占据人们网络交流的话语平台，成为日常交流中使用频率极高的沟通方式。根据 Instagram 的统计数据，截至 2015 年 3 月，超过 50% 的 Instagram 文字描述中包含至少一个表情符号。根据微信提供的官方数据，每个月有超过 6.97 亿人活跃在微信及海外版 WeChat 上，他们每天要发送数亿次的表情。而这里面最受欢迎的莫过于情绪激烈的"大哭"和"大笑"，代表喜悦的笑脸表情仅 2014 年在 QQ 平台就被发送了超过 10 亿次。

借助社交网络的力量，表情俨然已经成为全世界通用的语言，并成为这个时代的重要标志。"喜极而泣"是 2015 年全球最常用的表情符号，分别在英国和美国的所有表情符号使用率中占到了 20% 和 17%。这个表情"代表了享乐主义和抑郁症在一代人身上的撕裂、几近饱和的大众娱乐和壮观的杀戮间的撕裂——一个精神分裂的世纪"。

事实上，这个虚拟世界也开始建立一种从现实中投射而来的"文化"。当宫廷剧开始流行的时候，表情包里也更多地出现以"娘娘""皇上"为主角的表情；当时装周快要开始的时候，服装设计师也开始为表情包里的小人儿设计漂亮衣服，让它们穿上 Kenzo 的毛衣，背着 MichaelKors 的新款包包，为新款服装做流量预测。

也许正是因为人们越来越多地选择用表情来表达自我，表情世界里的数据也隐藏着许多微妙的真相。比如"谢谢老板"要比"老板你再不发红包我就要退群了"的发送次数更多。而根据 QQ 平台的统计，在不必谈工作的周末及其他法定节假日，人们要比在正常工作日更喜欢发送"愤怒类"的表情。

表达喜怒哀乐的表情正在变成赚钱的战场。成功赚到钱的表情包并不少。名媛金·卡戴珊的表情应用售价 1.99 美元，在上线之后不久获得了每秒 9000 次的下载量，这让卡戴珊每分钟获得 100 万美元的进账。而篮球明星斯蒂芬·库里的表情应用，更是成为分分钟都能赚钱入账的热门表情包。

虽然在微信表情公共平台上，绝大多数表情是免费下载使用的，但这些由 10 帧画面组成的动态表情，也正在逐渐成为能够赚钱的生意。微信表情平台在 2015 年 12 月 2 日正式开放了给表情艺术家赞赏的功能，截至 2016 年 5 月 1 日，已上架的 1500 套表情中，有 92% 的表情开通了赞赏，累计赞赏金额超过 409 万元人民币，平均每次赞赏 2 元人民币。

尽管表情包似乎正在逐步占领世界的每个角落，但有趣的是，在这个愈发热闹的表情世界，真正身处其中的人却似乎感受到了一丝失落。

表情设计师孟繁琦说，10 年前刚开始设计表情的时候，她要花费大量的心思琢磨表情的细微变化，因为起初以为表情取胜的关键是"靠脸部细腻微妙的变化"，她要琢磨如何在 8 帧的画面里尽可能表现复杂的情绪。但近些年的表情下载和发送数据让她发觉，浮夸的肢体语言更受欢迎，"哭也分很多种，默默流眼泪的啜泣就不如满地打滚的哭法受欢迎"。现在最受欢迎的表情追求的是一眼就能看明白，只要一张夸张的图片配一句简单易懂的文字，"恨不得两帧就画完了"，复杂的表情反而不容易受欢迎。

所以，在打开聊天窗口，看到表情包里一片情绪高昂的狂欢时，她说她其实更怀念那个"认真说话"的过去，不过这种情绪要怎么说出口呢？最后，她还是发来了一个表情，一只小狐狸无奈地耸耸肩、摇摇头。

年轻的时候要少听八卦

马家辉

胡适经常鼓励他的老朋友们写传记文学，为历史留下材料；他给年轻人做演讲时，也不断鼓励学生读传记。

因为读传记就是交朋友，能自大其身。

可是坦白讲，这个年代大家很少读传记。在成长的过程里，大家只听八卦，不爱读传记。

当然，很多人以为八卦就是传记。

这是一个由八卦主导的年代，大家很容易把八卦当成传记来看。

八卦确实有趣，但是八卦和传记不一样，因为我们永远会带着一种心情，叫作"幸灾乐祸"。

这个人出丑了，很丢脸，被抓包了，被踢爆了，等等。

我相信一个人八卦听得越多，心地会变得越差。

你会很容易从道德高地去判断、去评论、去批判、去嘲笑别人的不幸。你看久了八卦，基本上就变成了一个八卦人。最可怕的是，你还不知道自己已经变成了一个八卦人。

所以年轻人一定要警觉，越年轻的时候，越要少听八卦。

·摘自《读者》(校园版) 2020 年第 3 期·

唐僧为啥不飞过去

姜仲华

小时候看《西游记》，心里总有个问题：唐僧取经那么难，其实有好办法呀，孙悟空会腾云驾雾，只要背起唐僧，十万八千里，一飞不就到了吗？近日偶读《孟子》，看到有句话："源泉混混，不舍昼夜，盈科而后进，放乎四海。"

"科"是俗语的"窠"，就是坑、洼。孟子的意思是，流水遇到坑、洼，要把它们充满之后才能继续向前流，不把坑、洼填满就不向前流。联想到《西游记》中唐僧师徒的经历，忽然若有所悟：唐僧师徒不飞，原来如此啊！

我豁然开朗：唐僧师徒的取经路就像流水一样，要把遇到的每一个坑洼都填满后，再向前走一步。这是极其注重细节的人生。这每一处坑坑洼洼，都有上天的美意。这些坑坑洼洼确实是熬人的苦杯，但是，也正是盛满祝福和营养的福杯啊！如果用巧法避开哪个坑洼，坑洼里含着的福分和养分就得不到了。师徒四人一个一个地战胜八十一难，一步一步地走过十万八千里，他们的心如钢铁，被反复锤炼，抵达西天时，已经不是取经最初的凡铁了，他们脱俗成圣了。

"盈科而后进"，是一种厚实、沉着的坚守和忍耐，成就的是不寻常的质地和品格。据说，如今的调酒师，能用酒精、香精、味素快速调出美味的酒，但是真正的好酒，必须在地下默默无闻地埋藏、发酵多年。

韩国围棋大师曹薰铉写了一篇围棋讲座稿，开头有一段话，提醒学棋的人："我以为，与其一心想着要赢棋，倒不如专心下好每一盘棋的每一步，以留下一页内容充实的棋谱。人生的每一瞬间都有正道，围棋的每一手也都有其正确的方向。每一步都尽善尽美的人生是美丽的，围棋也是如此。"曹薰铉"专心下好每一盘棋中的每一步"，不正是唐僧师徒扎实无比地走过的取经之路吗？

童年读《西游记》，想到的是巧；人近中年，悟出的是拙。我为童年的小聪明而惭愧，也明白了，真正称得上美好的事业，都来自流水一样的"盈科而后进"的精神啊。

·摘自《读者》(校园版) 2015 年第 5 期·

一个关于孤独的 App

张　春

这是一个有关孤独的故事。

"犀牛故事"不是这个团队做的第一个 App，他们以前还做过一个社交 App，名字叫"花开"，讲的是"慢交友"，就是要两个人种一株花，而且，一开始不能聊天！

这款软件一开始，种的花要等很久很久才会发芽，发芽后才能看对方的资料。又要等很久很久，才能看对方的照片。总之每进一步，都要很久。这款所谓的社交软件，除了每天面对含糊的交互体验、莫名其妙的菜单、跳脱的画面之外，很长时间里，只能面对一片软件生成的土壤。

看到这里，你是不是想喊："让这个软件去死吧！"不要慌，因为它已经"死"了。

这个软件真的没有人玩，一年的时间，下载量加起来只有 1000 多。1000 多是什么概念呢，做一次首发怎么也就有 1000 多个用户了。或者但凡稍微有一点点玩头的软件，几个人在朋友圈里转一下也差不多有这个量了。

和现在的日夜加班不同，这款软件已经无可救药，团队也无事可做。老板觉得无聊，每天晚上跑去找朋友泡茶，给自己泡茶，给大家泡茶，喝完这种喝那种。

后来，团队在濒临倒闭的最后时刻，做了"犀牛故事"App。没想到，这款软件一上架居然火了。状况比之前的"花开"好得太多了。有媒体找过来采访，软件在苹果 App 榜单上一度升到 21 名，还上了当年 7 月优秀 App 推荐榜。好几天的时间里，大家的手机上都开着榜单，看着排名一直上升，欢呼雀跃，吹牛，兴奋地幻想着未来。

这时有人想起来"花开"了，为了防止大家查看公司还做过什么产品，就赶紧偷偷摸摸地把拉低水准的"花开"从 AppStore 下架了。安卓版不用下架，因为安卓版还没来得及做。

前两天，这款软件的服务器服务商来催费用。哦，原来服务器已经到期了。这款软件已经消失了嘛，后端工程师准备把服务器关掉，就顺便看了一眼。

这一看不要紧，天哪，这款软件还有 6 个用户在用！

6 个用户啊！在登录的用户啊！

我们说，不然上去看看他们都在干吗？因为我们真的想不通他们能做些什么。

老板问："你们谁的手机里还有它的客户端？我们存档里已经没有客户端了。"大家都说："已经删掉了，手机空间那么小……我们，永远都不可能知道他们在干什么了。"

这款软件已经下架了，公司差一点点就倒闭了，软件再也不会更新，没有客服，研发人员自己的手机上都已经把它卸载了，客户端文件都没有了，全宇宙只有那 6 个人还在玩这个软件。这 6 个人孤孤单单地漂浮在宇宙中，玩着一个已经消失的软件！我们什么都不能做了，连给他们发个消息请个安都做不到了！

我们问工程师："到底要玩多久他们才能聊上天？"他们说："不知道，因为还没有测试到那里，也许他们还在种花、浇水、捉虫、松土、晒太阳、抚摸它……也可能他们已经说上话了……不知道那个时刻会是什么样的情景……"

后端工程师毫不犹豫地给那台服务器续了费。只要这 6 个人还在，就把服务器一直维护下去，我们只能做到这儿了。因为负载太小，而且再也不会有新用户加入进来，他们会觉得软件运行很流畅。老板还说："有朝一日，如果我们发财了，就要把这 6 个人找到，花大价钱把他们的手机买来，然后给他们磕头。"

如果到现在他们都没卸载这款软件，大概永远都不会再卸载了吧！希望这 6 个同样有耐心的人，永远都不要发现只有他们 6 个人在玩这个游戏，希望他们成为朋友，希望他们结婚，希望 100 年后这个孤独旋转的星球上人丁兴旺，儿孙满堂。

· 摘自《读者》（校园版）2015 年第 7 期 ·

古典密码术

李子臣　谭亦夫　宋培非

人类文明发展到使用语言和文字后，就产生了通信保密和身份认证的问题，这是密码学的主要任务。古典密码学与其说是一门学科，不如说是一门艺术，它们反映出古人的高超智慧和绝妙想象力，并且蕴涵了现代密码学思想的萌芽。

古希腊"天书"

大约在公元前 700 年，古希腊军队采用一种叫作 Scytale 的圆木棍来进行保密通信。其使用方法是：把长带子状的羊皮纸缠绕在圆木棍上，然后在上面写字；解下羊皮纸后，上面只有杂乱无章的字符，只有再次以同样的方式缠绕到同样粗细的棍子上，才能看出所写的内容。

这种 Scytale 圆木棍也许是人类最早使用的文字加密、解密工具，据说主要是古希腊城邦中的斯巴达人在使用它，所以它又被叫作"天书"。

Scytale 圆木棍的加密原理属于密码学中的"移位法"加密，因为它通过改变文本中字母的阅读顺序来达到加密的目的。

古罗马恺撒密码

公元前 60 年前后，古罗马的执政官和军队统帅恺撒发明了一种把所有的字母按字母表顺序循环移位的文字加密方法。例如，当规定按字母表顺移 3 位时，那么 a 就写成 d，b 写成 e，c 写成 f……x 写成 a，y 写成 b，z 写成 c。

比如，Know ledge is power（知识就是力量），就写成：NQRZOHGJHL VSRZHU。

从密码学的角度来看，恺撒加密法属于"单字母表替换"加密，而且替换的规则很简单。然而，恺撒加密的思想对西方古典密码学的发展有较大的影响。事实上，直到第二次世界大战结束，西方所使用的加密方法还大多属于"字母表替换"加密，只是替换的规则越来越复杂而已。

欧洲加密术

替换加密就是把普通信文中的文字符号替换成其他文字符号以达到加密的目的，其替换规则只有通信双方知道。西方国家大都使用拼音文字，只有二十几个字母和几个标点符号，文字符号较少，所以很适合用替换法加密。

恺撒密码就是一种替换加密方法，但这种加密方法具有"明密异同性"，利用频率分析法比较容易破解。

于是，从 15 世纪中叶起，欧洲人开始研究设计"多字母表替换加密"方法，即明文中同一个字母在不同的位置上会有不同的替换符号。其中最有名的当属维吉尼亚密码。它主要使用一张字母矩阵表，其中第一行是任意给定的字母表，第二行是第一行左循环移一位，最后一位的字母移至第一位，而形成的字母替换表。第三行又是第二行左循环移一位，以下各行依次类推。加密时，对于明文中的同一个字母，当其第一次出现时，使用表的第一行来替换，第二次出现时使用第二行替换，依次类推。如果该字母出现的次数超过矩阵的行数，则回到第一行继续下去。解密同加密一样，也是从上到下逐行进行。

维吉尼亚密码后来出现过多种改进和变形。其中一种变形就是，由密钥确定密文所在的行，明文确定明文所在的列，在加密方阵中，行和列的交叉就是相应的明文。

使用维吉尼亚密码加密的过程中，一个明文字母根据在明文中出现的顺序或者密钥的不同，会有多种变化，最多能有26种变化。而恺撒密码加密与明文字母的顺序没有关系，只有一种变换。所以恺撒密码是"单表密码体制"，而维吉尼亚密码是"多表密码体制"。显然，多表加密比单表加密复杂得多，因此其破解难度也增加了许多。自从维吉尼亚加密术出现以后，多表加密成为欧洲人最常用的加密方法。

破译古典密码

公元7世纪开始兴盛的阿拉伯民族是最早系统总结并使用密码分析方法的民族。

1987年，科学家发现了肯迪在公元850年前后写的《解码手册》。

书中关于密码分析的描述如下：如果我们已经知道了一份密文所使用的语言，要破解它的一种方法是找一份用同样语言写的明文，大约有一页纸的长度。然后统计其中每个字母出现的次数，把出现频率最高的字母叫作"第一"，出现频率次高的字母叫作"第二"，以此类推，直到数完明文中所有的字母。然后再看待破解的那份密文，同样对其中的符号做频率排序。我们找到出现频率最高的那个符号并把它替换为上述的"第一"字母，找到出现频率次高的符号并把它替换为"第二"字母，找到第三高的符号并替换为"第三"字母，直到数完密文中的所有符号。

这是历史上最早的研究用频率分析法破解密码的文献，比西方的同类文献早了大约 300 年。基于字母和单词的统计学特性的频率分析方法，一直是破解密码最基本和最常用的方法。

例如，已知经恺撒密码加密过的密文：

HQGHDYRUWRVHHWKHJRRGLQHYHUBVLWXDWLRQ

统计得出 H 是出现次数最多的字母，频率为 0.194。

根据英文中字母出现概率的统计数据，字母 e 出现的概率最高，为 0.127。

那么，密文字母 H 的明文就应该是 e，H 对应的数字为 7，e 对应的数字为 4，于是根据恺撒密码加密规则，将密文中的字母向右移 3 位，就可得到明文。解密后得出明文：Endeavor to see the good in every situation（努力在每种情况下看到好的一面）。

第二次世界大战中的密码战，是当时敌对双方最优秀的科学大脑和最先进的科技之间的生死较量，但究其所依据的加密原理，仍然是替换和移位，破解原理是基于字母和单词的频率分析，只是复杂的程度不同而已。当然，肯迪的方法只能破解较原始的单表替换加密方法，对于较复杂的多表替换加密方法是无能为力的。然而，对于多表古典密码体制，将密文的重合指数方法和密文中字母统计规律相结合，同样可以破译。

打造"完美孩子"

江 山

在"孵化与条件设置中心"孕育室里，一只只编了号的试管装着新鲜的卵细胞，在显微镜下用特殊的方法授精，再用强光、冰冻、酒精等方式让受精卵优胜劣汰……

如果你读过赫胥黎的《美丽新世界》，一定对这幕场景印象深刻。这本1932年出版的小说中描述的未来，离我们越来越近。

在《科学转化医学》杂志上，3位资深医学研究人员提出警示，随着体外配子技术（IVG）的不断成熟，有朝一日，人类的生殖细胞也许能从皮肤细胞中孕育出来。

2016年10月，日本九州大学的研究团队成功使用诱导性多能干细胞，在人体外培育出精子和卵子，从而实现体外受精孕育胚胎。尽管这项技术要走到实际应用这一步还需要"过五关斩六将",但是科学家提醒人们提前思考：如果这一天真的到来了，人类是否有足够的理智应对？

显然，这项技术给了不孕不育者新的希望，但是带来的伦理道德争议同样巨大。如果父母为了得到"最完美的孩子"，创造出无数个胚胎，那么被杀死的多余的胚胎是否涉及"堕胎"。在法律层面，如果一个人脱落的皮肤细胞被偷去创造新生儿，他是否应该承担抚养义务。如果技术足够成熟，一个孩子可能会有 3 对父母，家庭伦理又会有怎样的新面貌。

当科学的脚步在不断加快的时候，科学家要做的不是拖住它的步伐，而是要劝它等等灵魂。

推开世界的门

甘　北

我的中学老师曾布置过这样一道作业题："你做过的哪些突破是自己都不敢相信的？"

交上来的答案五花八门：有人练习了两年的口语，终于通过一场从没想过自己能通过的英语考试；有人每天绕着家附近的公园跑步，半年减掉了 30 斤体重；有人不敢当众讲话，每天对着墙练习……其中有一个答案令我印象深刻。

那是一个非常斯文的女同学，她不敢在人前奔跑，因为她觉得自己跑步的姿势不好看，像一只活蹦乱跳的青蛙。直到升高中那年，有一个体育考试项目就是跑步。她没有办法逃避，站到起跑线前，吸气、呼气，紧张得手心开始渗汗。还没开始跑，她仿佛已经听到了同学们的嘘声，觉得他们一定会笑话自己。

　　哨声一响，她紧张到了极点，双腿一软，就倒在了地上。老师把她叫到一边，说：“你这个样子，怎么参加考试呢？”她只得硬着头皮，双眼紧闭，双手握拳，听到哨声就像箭一般冲出去，把空气刺破，划出呼呼的风声。

　　她站在终点，小心翼翼地睁开眼睛，等待迎接嘲笑和奚落。出乎意料的是，没有一个人笑话她，甚至没有任何人留意到她！困在她心头许多年的枷锁一下子就被卸掉了。

　　“迈出第一步没有那么容易，但或许也没有那么难。”她在最后写道。

·摘自《读者》（校园版）2018 年第 5 期·

水银洒了，铺硫黄

余　晟

上小学的时候，有一次，我在母亲的化验室玩弄几支温度计，不小心把温度计打破了。瞬间，水银珠在水磨石的地板上四散滚开。

当时，我傻眼了，只想赶紧把水银收集起来，于是伸手去捧。母亲一把将我拉开，迅速拿出硫黄铺在水银上，然后打开窗户并把我拉出房间。

本来，我以为这次要挨骂了，没想到母亲耐心地给我讲解：水银在地板上形成一颗颗的珠子，那是因为表面张力的作用；水银变成蒸气之后，很容易被人吸入，而水银是有毒的，古时候，殉葬的人就是被水银毒死的；如果用硫黄覆盖水银，二者之间就会发生化学反应，生成硫化汞，这样就没有问题了……

那天的事情我记得特别清楚，后来我也想过很多次：当时我没有学过化学，母亲也不知道我能不能听懂，但是她确实给我讲了。我确认她只讲了那一次，而且我确认我记住了、听懂了。

现在看来，当时发生的一切都不那么重要，重要的是，这个例子让我真正明白：事物并不只是我们表面看到的样子，它们的背后有那么多复杂的关系。我们只有懂得科学道理，才能明白现象背后的复杂关系，才能保护自己。这是我第一次真切地见证"知识就是力量"。

·摘自《读者》（校园版）2016 年第 14 期·

咖啡的最后一滴

【日】松浦弥太郎

伍佳妮　编译

　　我一直光顾的咖啡店里的咖啡，真的很美味。

　　店里的那位女店员，总是一杯一杯非常仔细地将咖啡过滤出来。她没有夸耀冲泡技术的意思，也没有用到上好的咖啡豆，但就是惊人的好喝。

　　然而当我发现，经过这位女店员之手的咖啡最让我惊艳的一瞬间，往往是在最后一口的时候，我突然意识到好喝的可能不仅仅是味道。那种美好的口感不仅留在唇齿间，更会渗透进人的心灵深处，久久不会散去。

　　食物也好，饮料也罢，人们总是关注于最初一口带来的感觉。我们这些人吧，如果不能从吃到嘴里的第一口得到满足，就认为它是失败的。然而，所谓的"美味初感"，有时候仅仅是因为味道浓厚罢了。

日本料理中的"汤羹"，就是在最后一口的时候表现出它的美味。喝第一口的时候，往往口感较淡，到第二口、第三口，则越来越浓郁。这就是这种料理的特点。

有一天，我终于还是忍不住询问那位女店员："冲泡出美味咖啡的秘诀是什么？"她沉默了一会儿，答道："我会注意观察客人的'气息'，由此分析并判断出他今天会需要什么味道的咖啡。我觉得这点很重要。"

我很是吃惊。观察别人的"气息"，说起来有点儿怪怪的。但通过观察客人今天是不是疲惫、心情如何，也就是所谓的"气息"，来对咖啡的口感做出相应的调整，这样做出来的咖啡是充满感情的啊！

料理家吴文曾经这样告诉我："做料理要记住的，不是技术和知识，是做的时候表现出的感情。"这和女店员的话不谋而合。美味，不是品尝时嘴巴所感觉到的味道，而是在某时某刻，用心感受到的气息。

用心贴近对方的心后所产生的情感，作用在任何事物上都会如魔法般神奇。

当然，自己的"气息"也不容忽视。每件事都认真地去做，用心做。

你的倔强额度未满

杨熹文

朋友 10 年前在德国时，20 岁出头的她经中介牵线搭桥，在一个家庭做保姆，却受到不公待遇。在德语不好的情况下，她赌气一个人从人家家里跑出来，冲上一列不明去处的火车。

她守着两个大包，一张巴掌大的黄面孔在陌生的人群中，竟然毫不怯生，一路上左边问问、右边聊聊，看足了窗外风景。下车时，她已搞定了下一个住处和工作。

说起这段经历，她连一点后怕的意思都没有，眼神是骄傲的。"当年什么都不怕，一个人总是说走就走，没有什么能打倒我！"她半晌回到现实，"如今年龄大了，当了妈反而变得缩手缩脚，去个不熟悉的地方都要说服自己半天，这两年去超市成了最远的旅行。"

　　我笑了，想当年我也是说走就走的小霸王，现在做每一件事，都要确认前方没有悬崖、身后没有猛兽，要顾及别人的喜好，要使表达体面，走一步要设想到一万步后的结局。

　　想起4年前自己去打工餐馆讨薪无果，走出来时发誓要出人头地的那一晚，夜是漆黑的，出租屋是遥远的，黑暗里是暗藏危险的，我一步一步走回家，来不及顾及安危，只咬牙想着明天醒来一定有工作在等着我。人哭是哭了，但头还是高昂着的。

　　一个人在年轻时的倔强是很珍贵的。那种昂着头"反正又死不了"的心态是有保质期的。随着年龄的增长，很多人开始怕累、怕麻烦、怕生死未卜——而这就是衰老的迹象。

　　曾看过一位知名作家在国外某城市搭车的经历，于是认定了"人生一定要有一次在路边竖起大拇指搭车的经历"。我能想象到自己不足一米六的个子扛着巨大的行囊，穿着一双沾满土的鞋子不断前进，大拇指竖起，成功拦截一辆普通的轿车。我对陌生司机说句简短的"Hi"，我们心有默契地聊到终点——那也是青春等我去画的句号。

　　28岁那年，我站在陌生的异国，在路边竖起大拇指，想要圆我那18岁的梦想，却发现此时的心里多了一个恐惧的小孩。她一步步退缩，期待躺在星级宾馆的床上喝红酒，希望疲惫时有水力十足的淋浴，她不再爱巨大的行囊和沾了土的鞋，甚至恐惧再对陌生人说一句酷酷的"Hi"。

　　那几日，我自然没有成功地搭上车。我虽然成为一名背包客，但要说服自己不会"客死他乡"。我揣着余额充足的银行卡，背包中装着足够的现金，手机上是几十个亲近朋友的电话号码。而躺在陌生的床榻上，我心里依然充满可怕的猜想，万一有人破门而入怎么办，万一有人偷走我全部的钱该怎么办，万一我明天找不到路怎么办，万一……我已经老去，当我的心里出现太多的"万一"。我在噩梦中惊醒，蹑手蹑脚地起床，再三确认了紧紧的门锁。

20 岁想穷游的南美洲，等到 30 岁辞了职就一定会去吗？

20 岁疯狂想去留学的巴黎，等到 30 岁攒了足够的钱就一定会去吗？

20 岁想试试的全程马拉松，等到 30 岁就真的会有更好的体质参加吗？

20 岁时默默爱着的人，等到 30 岁变成了更好的自己就一定敢去表达心意吗？

别傻了，命运中是存在交换的，你的年龄正在交换你的梦想，削减你的热情，透支你的倔强。几天前我在跑步机上，试图再跑一次 25 岁那年的 21 公里，然而 10 公里过后我的双脚就败下阵来。也许有一天我会成功挑战半程马拉松，但我也深知，自己再也不会有 25 岁那年"我一定要跑完"的倔强。

我们总是在说，10 年后的我们要怎样，其实正是此时，还有额度未满的倔强等待使用。你一定不愿自己有这样的未来——你已不再年轻，而你的倔强却从没有机会发芽。

我们都喜欢罗曼·罗兰说的那句话："世上只有一种英雄主义，就是在认清生活真相之后依然热爱生活。"

塑料马路，白色污染的终结者

麒　麟

在英国小村庄邓弗里斯，一条用塑料垃圾铺设的马路完工了。这条路是托比·麦卡特尼先生带领团队铺的。一年前，他创办了 MacRebur 公司，推出了"塑料马路"的宏伟计划。

目前，全世界公路里程数已经超过6400万公里。在麦卡特尼的设想中，以后所有的塑料垃圾都不需要在堆填区里沤着，它们可以取代沥青成为更便宜的铺路材料。"世界就是这么神奇，一个棘手的问题，往往有可能成为另一个难搞问题的解决方案。"麦卡特尼说。

一次，在女儿学校的校园开放日活动中，老师问大家"海洋里生活着什么"，其他孩子抢着说"鲨鱼""鲸鱼""海龟"，而他的女儿沉默了好久才怯生生地举起手说："老师，海里都是塑料垃圾。"

女儿的答案让麦卡特尼很惊讶，也很羞愧。他觉得不应该让自己的孩子在这样污染严重的环境里长大。他特别想做点什么，却又觉得很无力。

曾经在印度南部跟慈善机构合作、改善拾荒者福利的他，深知塑料污染的严重和改变的艰难，不过想得久了，灵感真的会出现。"一天，岳母跟我老婆抱怨，说我家外面的路坑坑洼洼的，特别不好走，还赌气说以后再也不来了。岳母的话让我突然想起在印度时看到当地人把塑料瓶、塑料袋煮融了混上石油，拿去补路面的坑，我突然感觉这事儿有戏。"

于是，麦卡特尼拉上朋友戈登·里德、尼克·伯内特，把自家后院当成实验室，研究起用塑料垃圾铺路的可行性。

麦卡特尼本身就是工程师，伯内特是研究垃圾降解的专家，里德则开着一家水管公司。三人一合计，很快就把铺路这事儿摸清楚了。

一般来说，铺路材料里 90% 是碎石、沙子和石灰岩，10% 的沥青混合进去，起胶结、支撑的作用——这样一来，塑料本身难以降解的特性也就成了适合铺路的优点了。

麦卡特尼和朋友抓住这个特点，用熔融后的塑料反复试验，终于研究出适合铺路的混合物，并把它命名为"MR6"，因为他们三个人加起来有 6 个女儿。

"MR6"比一般沥青路面的坚固度强 60%，也更耐磨。而且它比沥青路面更能适应温度变化，不会在低温时裂出缝隙，也不会在高温中融化。目前，"塑料马路"通过了英国和欧盟的检验认证，验证了其安全性。

2016 年 4 月，麦卡特尼和朋友正式注册了公司，开始了商业化生产运作。他们从垃圾回收厂购买原材料，经过处理，去除有毒物质，然后从中挑选出符合条件的塑料，按配方比例混合。

比沥青强，还比沥青便宜得多，"塑料马路"的优点立即吸引了建材公司和当地政府的注意，订单就这样唰唰唰地飘来了。现在，英国坎布里亚、卡莱尔等地已经铺上了"塑料马路"。

连英国网球明星穆雷也对"塑料马路"很感兴趣，并投资了他们的项目，他说："他们的愿景让我很受启发，希望在不远的未来，世界上的马路都能够实现这样经济效益和环境效益的双赢。"

·摘自《读者》（校园版）2017 年第 20 期·

拯救世界的恶心想法

木森森

随着世界人口的增长，人类将不得不面临水资源枯竭、能源开采殆尽、全球气候变暖、自然生态失衡等一系列挑战。怎么解决呢？移民外星球、研发替代能源等方案都被提上了日程。不过，解决问题的方法从来不局限于这些"高大上"的技术，也许生活中一些不起眼的废物，同样可以拯救世界。

用植物壳制造玻璃

稻壳、玉米皮、花生壳、香蕉皮看上去都很没用吧？遇到它们，你是不是会直接扔掉？但是，美国科罗拉多州矿业学院的科学家们却能够利用瓜果的皮和谷物的壳制造玻璃。听起来很神奇吧？质地很柔软的果皮怎么能跟坚硬的玻璃扯上关系呢？

　　玻璃的主要成分是二氧化硅，这是一种存在于沙子中的矿物。虽然二氧化硅在地球上的储藏量非常丰富，但制造窗户、水杯、智能手机屏的玻璃还需要添加其他化学成分，比如硼、氧化钙、氧化镁和氧化钾，它们可以使玻璃的透明度更高、更坚固，或者使触屏手机使用的玻璃更具导电性。这些化学物质恰恰就是食品废弃物中含有的。比如，稻壳、玉米皮、花生壳和香蕉皮中都含有二氧化硅。将以上的植物废弃物，分别加热制成干燥的粉末后，稻壳灰中二氧化硅含量达到了 97.8%，香蕉皮灰的氧化钾含量达到 67.6%，蛋壳灰中碳酸钙含量能高达 98%——这是制造玻璃的另外一种重要成分，通常从石灰石中提取。研究者们将蛋壳、香蕉皮、玉米皮、花生壳的粉末混合后，就能获得制造玻璃所需要的所有元素。随后，这些粉末会在烤箱中被加热到 1400℃ ~1550℃，最终变成融化的红色物质，将这些液体注入模具后，就变成了初级玻璃。

剩饭剩菜变成宝

　　当上述的科学家们将植物壳当宝贝时，香港城市大学的研究者们则打起了"剩饭剩菜"的主意。每年，全球会浪费 13 亿吨粮食。如果能从这里捞点"有用物质"，将既能减少资源浪费，还能保护环境，毕竟剩饭剩菜经细菌发酵，会产生大量的甲烷。

　　最终，他们发明了一种方法，将剩饭剩菜转化成琥珀酸。琥珀酸是一种无色结晶体，味酸，可以燃烧。在食品和饮料行业，人们经常会使用琥珀酸作为酸度调节剂。而在工业中，琥珀酸可以被用来制造可生物降解塑料、表面活性剂、油漆等。最初，琥珀酸是通过蒸馏琥珀获得，现在由于广泛的需求，琥珀酸主要以石油为原料通过化学方法获取。很明显，这种方法不仅成本高昂，而且会破坏环境。

而用剩饭剩菜制琥珀酸则只需要巧妙用到细菌。首先两种能分泌酶的真菌，会分别将食物里的碳水化合物和蛋白质分解成单糖和氮。随后另外一种细菌会利用糖和氮化合物发酵，产生能制成琥珀酸的糖性溶液。香港城市大学的研究者们预计，1000千克食品废物可以生产100千克~240千克琥珀酸。

与此同时，美国的研究者们已经用剩饭剩菜制成甲烷，随后又利用细菌将甲烷分解成碳和氢。而碳可以生产电子产品所需要的石墨，氢则可以用作燃料。

想凉快就养点细菌吧

夏日炎炎，你是不是总爱出汗？这个时候，穿一件凉快的衣服想必是怕热人群的最大心愿。美国麻省理工学院的研究者发明了一种凉快的运动衫，你流汗越多，衣服会变得越透气，来为皮肤降温。听上去好像这种衣服很懂你，不过它可不是安装了什么传感器，而是全靠衣服上的大量细菌。

这种细菌就是枯草杆菌。它有非常奇妙的特性，会随着外部环境湿度的变化，吸水或者放水，由此还会造成自身体积的膨胀或收缩；即使枯草杆菌死去，其细胞内所含的一些生物物质也能使这一特性仍旧存在。科研小组利用了这种细菌的特性，将其制作成生物膜，移植到面料中，形成独特的衣服"鳞片"，制造出了一种名叫"第二层皮肤"的新型服装。当身体发热、出汗时，这些"鳞片"能迅速做出响应，自动开合，达到最佳透气效果。

让衣服上布满细菌的想法，可能让人觉得有点恶心。不过你大可放心，枯草杆菌是一种有益微生物。日本的传统豆制品纳豆和韩式料理中的清酱，都是由这种菌的纳豆亚种将黄豆发酵而成。

在厨房里开个甲虫农场

"全球粮食饥荒，赶紧吃虫子吧！"这不是一个玩笑，在2013年，联合国粮农组织就曾宣称人类可食用的昆虫在全球超过1900种，呼吁人类将虫子作为解救全球粮荒的辅助食品。

虽然吃惯了猪肉、牛肉等大型动物肉的人类，对吃虫子未免会心生抵触，但如果你吃肉是为了满足蛋白质需求的话，吃虫子也可以完全满足。而且，虫子还有很多优点，例如繁殖快、污染少，蛋白质、脂肪和矿物质含量高，需要的饲料也相对少。它们还不需要那么多的水，也不会排出二氧化碳。所以，在将来，如果世界快速增长的人口把环境逼到绝境，我们将不得不用昆虫来替代牛肉。那么，我们从哪里获取虫子呢？

这一点也不用担心，将来在你家厨房里，可以自己饲养虫子。因为美国一家公司研发了一个特别的实践设备——甲虫饲养箱，让你能很容易地在家中饲养可以食用的甲虫。在甲虫箱里，不同的生命阶段，甲虫都有不同的生活区域，你只需要用厨房里的剩饭菜以及燕麦喂养这些甲虫，八九周后，这些虫子就可以"下锅"啦。根据甲虫箱制造商的说法，这些爬行动物口感耐嚼，还有点坚果的风味。

为了解决人们吃甲虫没法下口的问题，美国康奈尔大学的学生还发明了用甲虫蛋白质制作的豆腐。为了获得0.5千克的蛋白质，你需要将1000多只甲虫切碎并磨成粉，随后将蛋白质提炼出来，并凝固成块状，这就是"甲虫豆腐"了。计算表明，如果大规模生产"甲虫豆腐"，可以满足多达20亿人的蛋白质需求。

另外一个替代方案可能会让"甲虫餐"更易于被人接受。南美农业蛋白公司已经开始用甲虫制作蛋白面粉,这种蛋白面粉可以替代用来喂鸡、猪、鱼等的鱼苗、豆粉等等。这样,那些种植豆子的地方可以用来种其他东西,而对鱼的过度捕捞也可以得到缓解。

蘑菇长在尿布上

全世界每天大约有 37 万人出生,这些新生宝宝将会成为最大的垃圾制造者之一。研究显示,每年每个宝宝会使用一吨的尿布,这些尿布不仅很占垃圾场的空间,更糟糕的是,虽然"一次性尿布"的名字听起来像是它们很好处理,实际上,一次性尿布主要由采自棉花等植物的纤维素组成,这是一种非常顽固的有机聚合物,不容易被分解。研究者们预计,需要 500 年的时间,一次性尿布才能自然降解。现在,墨西哥科学家发明了一种方法,能把 500 年的自然分解时间缩减为 4 个月,方法就是在尿布上种蘑菇。

这种蘑菇是平菇,是一种非常常见的可以食用的蘑菇。平菇之所以能对付一次性尿布,原因就在于它有能分解纤维素的酶,主要靠分解木质纤维素转化为营养。而纤维又恰巧是一次性尿布的主要成分。所以在一次性尿布上种上这种蘑菇后,两个月时间内,蘑菇就能分解掉 90% 的一次性尿布,只要 4 个月就可以将一次性尿布完全分解掉。

由于平菇含有许多脂肪、蛋白质和维生素,具有很高的营养价值,所以,在做完清道夫后(尿布会事先被消毒),平菇还可以用来饲养动物。

比尔·盖茨喝的特别的水

2015 年,比尔·盖茨在录制节目的过程中,拿着一个杯子,在水龙头下接了一杯水，水清澈见底，他满意地喝了一口，并点头表示味道不错。人群中爆发出一阵热烈的掌声。这杯水来头可不小，在 5 分钟前它还是人类的排泄物。那么，排泄物是如何变成能够饮用的水的呢？

实际上，技术并不复杂。盖茨喝的这杯水，事先由一套废物处理设备净化。这套设备主要由污水管道、网格筛子、沉降箱、烘干器、焚化炉等组件组成。当人们上完厕所冲马桶后，排泄物会进入污水管道，块头较大的废物，如卫生纸、排泄物会经过一个沉降箱。在这一特别的容器里，排泄物里的颗粒要么沉在水中，要么会漂浮，在再次流到下一层时，更细小的网格筛子会过滤掉漂浮着的颗粒状物质。紧接着，被过滤掉大部分颗粒状物质的污泥会进入一个干燥器中，连接着焚化炉的干燥器会将污泥烘干，除去里面的所有液体，并重新捕获水蒸气。水蒸气再经过一系列过滤，最后经过只能让水分子通过的极细小的筛子过滤后，又经过紫外线杀毒，才从水龙头里流出，成了人类的饮用水。经检测，这样的水非常纯净，口感跟矿泉水很像。

人类的尿液中有 95%~97% 的成分是水，如果能够用这样的技术净化人类的排泄物，将可以为人类提供稳定的水源。现在，在美国许多地方已经开始运用这种技术了。在未来，如果每个家庭都有这样一套设备，或许还真能缓解地球淡水资源紧张的局面。

·摘自《读者》（校园版）2017 年第 15 期·

英文中 12 个月名称的由来

一 沁

January（1 月）

在古罗马传说中，雅努斯（Janus）是天宫的守门人，他每天早晨会把天宫的门打开，晚上把门关上。古罗马人认为雅努斯象征着一切事物的善始善终。英语中的 January（1 月）就是这位守护神的拉丁文名字。

February（2 月）

每年的 2 月初，古罗马人都要杀牲饮酒，欢庆菲勃卢姆节（Februarius）。在这一天，人们会忏悔自己过去一年的罪过，以洗刷自己的灵魂，求得神明的宽恕，使自己成为一个纯洁的人。英语中的 February（2 月）便是由拉丁文 Februarius（菲勃卢姆节）演变而来。

March（3月）

March 原是古罗马旧历法中的 1 月，是新年的开始。后来，恺撒下令，从公元前 45 年 1 月 1 日起开始执行新的历法。从此，一年便被划分为 12 个月，原来的一月变成了三月。另外，按照罗马的传统习惯，三月是每年出征的季节。后来为了纪念战神 Mars，人们便把这位战神的拉丁名字用作三月的月名。英语中 March(3 月)就是由这位战神的名字演变而来的。

April（4月）

古罗马的 4 月，正是大地回春、鲜花初绽的美好时节。英语中 April（4 月）便是由拉丁文 April（开花的日子）演变而来的。

May（5月）

古罗马神话中的女神 Maria 是专门掌管春天和生命的神。为了纪念这位女神，古罗马人便用她的名字——拉丁文 Maius 命名 5 月，英语中的 May（5 月）就是由这位女神的名字演变而来的。

June（6月）

古罗马人对掌管婚姻和生育的女神 Juno 十分崇敬。大地上的农作物在 6 月成熟，于是人们便把 6 月奉献给 Juno，并以她的名字来命名 6 月，即现在的 June。

July（7月）

恺撒遇刺身亡后，古罗马将军马克·安东尼建议用恺撒的名字 Julius 来命名 7 月，因为 7 月是恺撒的诞生月。这一建议得到了罗马元老院的通过，英语中的 July（7月）由此演变而来的。

August（8月）

恺撒死后，他的甥孙屋大维成为古罗马皇帝。为了能和恺撒齐名，他也想用自己的名字来命名一个月份。他的生日是在 9 月，但他选定了 8 月。因为他登基后，古罗马元老院在 8 月授予他 Augustus（奥古斯都）的尊号，于是，他便决定用这个尊号来命名 8 月。英语中的 August（8月）便是由这位皇帝的拉丁语尊号演变而来。

September（9月）

在恺撒改革以前的古罗马历法中，全年只有 10 个月。其中 September 是 7 月，因为拉丁文中"septem"是"七"的意思。而当恺撒在原历法前多加两个月之后，7 月的名称就依次往后顺延，于是就用 September 来称呼 9 月。英语中 September（9月）由此演变而来。

October（10月）

英语中的 10 月来自拉丁文"Octo"，"Octo"表示"8"。它和上面讲的 9 月一样，在改革历法之后，8 月的名称就依次往后顺延，于是便用 October 来称呼 10 月。英语中的 October（10月）由此演变而来。

November（11 月）

由于奥古斯都和恺撒都有了用自己名字命名的月份，于是古罗马市民和元老院认为，当时的古罗马皇帝提比里乌斯应该用其名来命名 11 月。但提比里乌斯并没有同意。他对大家说："如果古罗马的每个皇帝都要用自己的名字来命名月份，那么第 13 个皇帝该怎么办？"于是，11 月仍然保留着在拉丁文中表示"九"的"Novem"。英语中的 November（11 月）就是由此演变而来的。

December（12 月）

古罗马皇帝琉西乌斯想把一年中的最后一个月用他的情妇的名字来命名，但遭到了元老院的反对。于是，12 月仍然保留在拉丁文中表示"10"的"Decem"。英语中的 December（12 月）由此演变而来。

·摘自《读者》（校园版）2016 年第 18 期·

把运动推向极限的创新

小　菲

跆拳道感应器让比赛更公平

在 2008 年北京奥运会上,英国跆拳道选手萨拉·史蒂文森在半决赛中,有一记高踢被裁判忽略了未予计分,惨遭淘汰无缘奖牌。她随后进行了申诉并成功改判,进入半决赛最终获得了铜牌。这次事件说明人类裁判可能在该武术项目中出现误判。为了修正这个问题,2009 年在巴库举行的世界跆拳道团体锦标赛上,选手们穿上装有电子感应器的带磁脚套和身体护具。而在今年的里约奥运会上,选手们更是连头盔里也会连接上感应器,还可以请求视频回放。因为感应器的灵敏度比较高,选手们不需要像过去那样,注重用力量做出凌厉的动作来让裁判看到。

识别橄榄球运动员的射频芯片

怎么同时观察那么多在场上跑来跑去的橄榄球队队员？2015 年，橄榄球联赛官方聘请斑马物流公司来追踪赛场上的运动员。把两个硬币大小的感应器装入了球员的垫肩里，感应器会以每秒 15 次的频率发送射频讯号。与 GPS 不同的是，斑马公司的跟踪器能够精确到 0.15 米，而且还能识别球员正面朝着什么方向。

这项技术还能测量运动员的速度，跑过的距离，正在加速还是减速，并且还能够在训练中测量运动员的机械负荷，为运动员量身定制训练方案、监控进程、管理疲劳和控制受伤风险最小化。

用军事技术抵抗衰老

美国国家橄榄球联盟四分卫佩顿·曼宁、网球王牌运动员小威廉姆斯和拳王伯纳德·霍普金斯，在运动场上长盛不衰有没有共同秘诀？有，那就是麦基·谢尔斯通——一位居住在新奥尔良的延长运动员职业生涯方面的专家，同时也是体育科学的先锋。谢尔斯通用一种特殊的射线扫描来测量拳手的骨骼、肌肉和脂肪，精确到"克"。在国家橄榄球联盟 2015—2016 赛季，谢尔斯通让好几位医生、物理治疗师和营养师为负伤的佩顿·曼宁做了分析建议。谢尔斯通说："曼宁当时问我他能否再坚持一年。我回答，'我认为你可以'。"在该赛季结束的时候，曼宁捧回了"超级碗"奖杯。

通过电击为运动员大脑做热身

美国神经科学初创企业 HaloNeuroscience 近期发布了自己的第一款产

品：HaloSport。这是一款为运动员设计的耳机，利用恒定、低强度直流电，调节大脑皮层的神经元活动，以帮助顶级运动员达到更好的训练效果。

Halo 聚焦人脑中控制协调性的运动皮层，它的程序包括 3 个组成部分：Halo 运动应用，一副跟普通耳机看起来没什么不同的耳机，还有装在头带上会传递脉冲的 Primers。Halo 耳机为运动员的心理做热身运动：在运动前佩戴 20 分钟，脉冲可以提高大脑的可塑性，包括构建新的回路。

·摘自《读者》（校园版）2016 年第 21 期·

标点符号，当代年轻人聊天的摩斯密码

院办小天

·

在这个每天都不大一样的互联网新社交圈，你的社交必备技能应该再多一个：读懂标点符号的含义。

如今，表情包越来越难精确地表达我们的情绪，但半括号成功拯救了我们。小小的半括号，把内容包裹进另一个"有出口的次元世界"。

一个教科书级的运用："半括号是捧哏，全括号仿佛就是碎碎念。（都用全括号框起来的话，仿佛其他人就看不见，嘻嘻嘻）（您可真是戏多呢。"

半括号还有一个魅力，在于可以衍生出更多难以解释的含义。一大批"社恐青年"，因为半括号的出现，缓解了社交恐惧感，可以更加自如地说出对他人类似的请求："能不能帮我改改稿子？（其实也不是很急，如果忙的话一会儿再看。"

句号，聊天终结者。例如，不想聊天的时候说"我去洗澡啦"和说"我去洗澡啦。"给人完全不同的感觉。句号一旦被滥用，效果就像套马的缰绳，能一点点把你朋友圈的好友都圈死。在不爱用句号的人眼里，句号是加强版的省略号——结束话题的句号，配合省略号的排版，让人深刻体会到无语、鄙视，以及一种微妙的感觉。但在爱用句号的人心里，句号代表温柔的感觉，可以表示语气的延缓，也让人在说这一大段话中间可以喘口气，例如："嗯……我想想……"

省略号的含义比猜谜游戏还难。提起这个，就不得不说以薛氏歌手为代言人的"省略号派"，他们引领了另一种说话的艺术——留白。就是有些事我不想说得这么直白，给对方留有一些想象空间。例如："我现在很饿……"当然，省略号在标点界也是小有名气的"双鱼座"，让人摸不透，往往你为了猜其中深刻又复杂的含义，就花光了这辈子的智商。比如猜猜这句话的意思："我觉得省略号代表了太多的含义……"

年轻人对于问号的新用法，主要在于数量的不同。问号的情绪演变，是一个量变到质变的过程。一个问号不够表达疑惑；两个问号别人会以为只是你打错了，或是感受到双重疑问；但当问号叠加成"？？？"出现的时候，事情就不再简单了。人们能轻易体会到其中既震惊又疑惑的心情，比如："我是不是傻？？？"假如问号的重叠数达到7个……没错，7个"小可爱挂钩"带来的情绪能量，足以召唤神龙。

说到波浪号，身边朋友用波浪号，八成是谈恋爱了——不知道是谁发明了波浪号，日常聊天中一旦使用，让人一秒就放下仇恨、立地成佛，全身心都充满各种美好的粉红色情绪，变得萌萌哒~不信你看看身边那些惹人爱的小女生，答话都是发："哦~"但是，波浪号的另一个用法，就像撒娇没把握好，可以一瞬间把对方置于无力反抗的境地。例如某狠人对你说:"稿子觉得怎么样呀～"看完这句话,想必你立刻感觉到出事了。好像对方正皮笑肉不笑地盯着你,让你简直想跪下磕头认错。

最后说说感叹号。顾名思义,感叹号是个开心激动的符号,就是要让人兴奋。俗话说,每一个爱用感叹号的人,上辈子都是折翼掉到"咆哮小组"的天使。对方的一个感叹号,往往就能让你心跳加速,这是初恋的感觉!爱用感叹号的人其实也觉得你特别可爱,所以才想对你表达内心的热情。这种热情,是文!字!传!达!不!出!来!的!

当代的年轻人,有着自己独特的聊天磁场。标点符号,如今不再是语文老师口中为了断句而生的存在,而是更多地成为年轻人聊天的摩斯密码、表达情绪的介质。诸如以上标点的新用法,教会人们更多的社交礼仪,也让人们在沟通中的表达更加有趣,更加多元化。

·摘自《读者》(校园版) 2020 年第 2 期 ·

不被人类干涉的死亡都是正确的

【日】阿部弘士

烨 伊 编译

　　动物是怎样看待死亡的呢？大象似乎知道死亡是怎么一回事。有同伴倒下的时候，它们会用鼻子拱它，试图帮它站起来。如果还是不行，它们就知道那头象已经死了。之后它们就会待在死去的同伴身边，久久不肯离去，仿佛是在凭吊。黑猩猩的孩子死后，就算孩子的身体已经干瘪得像木乃伊一样，妈妈还是会抱着不放。动物多半是懂得死亡的吧？

　　"我快要不行了吧？"它们也许会这样感受到死亡的气息。动物的听觉和嗅觉比人类敏锐许多，有时候可以感受到我们察觉不到的异常现象。

　　我的一位朋友是兽医，同时还是动物摄影家。他告诉过我这样的事情：

染上传染病的斑马似乎会发出类似"快杀了我""把我吃掉吧"的讯息。狮子收到这种讯息，便会将狩猎的目标选定在它身上。如果染上传染病的斑马在斑马群中传播病毒，整个斑马群都会灭亡。因此，狩猎动物吃掉患上传染病的那匹斑马，就能阻止病毒波及整个斑马群。

野生动物的世界里，大家都在尽职尽责地扮演着自己的角色。

人们都说，野生动物生活在一个弱肉强食的世界里。真的是这样吗？那不过是人类观察到每个物种之间的关系后，随口发出的感叹罢了。"强壮的狩猎者狮子"和"柔弱的猎物斑马"，看上去的确符合弱肉强食的逻辑，其实并不尽然。狮子和斑马不过是构成了一条合情合理的生死关系链，这并不代表其中有一方强大，另一方弱小。所谓的"百兽之王"，不过是人们强加的标签。大自然中的狮子并没有那么威风凛凛，它们生了病会死，捕不到食物也会死，它们对生命同样专注和谦逊。我去过非洲的热带稀树草原，反而觉得成群结队的斑马比狮子更有风采。

大自然是建立在生态平衡基础上的。如果没有动物扮演狩猎者的角色，食草动物的数量一味增加，最终会把所有植物吃光，原本扮演猎物的一方就会灭绝。因此，负责保持生态平衡的狩猎者肩负着十分重要的任务。

北海道的狩猎者——狼，因人类的猎杀而灭绝。于是，北海道的鹿暴增，如今森林、草原、田野都被啃噬得一片荒芜，非常凄凉。

走遍世界，见过各个地方的野生动物后，我想，也许不被人类干涉的死亡都是正确的。无论是非洲的热带稀树草原，还是南美洲的亚马孙雨林；无论是西伯利亚，还是日本——一切自然界生物的生长和死亡，都应该顺应自然的规律，不受任何外在因素的打扰。

我们每个人都在一天一天地老去，我们的每一天，都是向死而生。

人迟早会死，我希望我死的时候，能认为自己的一生是快乐的。今天的我在努力工作、努力吃饭、努力喝酒、努力玩乐，也在努力绘画、努力创作。作为一名饲养员出身的绘本作家，我应该向世人传递的信息，不就是一幅幅充满生命力的图画吗？否则，如何对得起那些死去的动物和此时此刻活在世界上的昆虫和蛇呢？

"你画的都是些什么东西嘛！""如果把我画下来，那我也算没有白死。"它们大概会这么想吧？我用自己的画，来表达对动物的感恩。

·摘自《读者》(校园版) 2020 年第 9 期·

我们的日子正在一天天变长吗

王海山

有一种说法，说我们的日子正在一天天地变长。也就是说我们的今天比昨天要长一些，同样，我们的明天也会比今天长一些，后天又会比明天更长一些。这事儿会是真的吗？我们怎么从来没有发觉呢？没错，这事儿确实是真的。从地球形成的时候开始，我们的一天就在慢慢地变长，现在也不例外。只不过这个过程过于漫长，每天的时间变化小得让我们难以察觉而已。个中缘由，让我们一起来探究一番。

之所以从地球形成以来就从来没有时间完全相同的一天，主要是由地球的自转速度变化引起的。我们现在把一天规定为 24 小时，那是因为现在地球自转一圈大约需要 24 小时。但是地球自转一周并不是从一开始就需要这么长时间的，据说在地球刚刚诞生的时候，其自转一周只需要约 5 小时。也就是说，那时候的一天只有 5 小时。之后地球的自转速度就在一点点地变慢，自转一周所需要的时间也越来越长。只不过这个变化过于缓慢，以至我们竟然从未察觉。

那这个变化到底有多慢呢？这么说吧，从一开始的每天 5 小时到现在的每天 24 小时，这中间用了大概 46 亿年的时间。这么算下来，平均每 10 万年每天才会多出 1 秒钟的时间。这种微乎其微的变化，我们又怎么能察觉得到呢？不过，这种变化虽然小得让人毫无察觉，却是实实在在存在的。

科学家预计，我们的地球还有将近 50 亿年的寿命。到那个时候，一天就会从 24 小时变成 44 小时了。那为什么地球自转的速度会变得越来越慢呢？主要是因为地球的邻居——月亮对地球的引力。来自月球的引力形成了一种潮汐力，海水在这种潮汐力的作用下有规律地涨潮落潮，与地壳不断地摩擦，这种摩擦力就使得地球的自转速度越来越慢。这种摩擦力对地球的自转来说，影响微乎其微，所以地球自转的速度虽然一直在变慢，但是这变慢的速度也是非常非常慢。

·摘自《读者》（校园版）2020 年第 10 期·

为什么巧合无处不在

陶 颖

在一些人眼中，我们生活的世界是一个充满巧合的神奇世界。比如，某些数字或日期跟自己特别"有缘"，根本不认识的人之间竟然存在千丝万缕的联系。那么，这些令人惊叹的巧合真是"冥冥中自有天意"的奇遇吗？

在心理学家看来，巧合只是一个共时性事件。我们知道，一件事的发生通常是有前因后果的，即事件之间存在某种因果关系；而共时性事件彼此之间不存在因果关系。它们的关系是非因果性的，其决定性因素是意义，是个人的主观经验。在这种非因果性的原则影响下，所有人、所有事都能被关联在一起。

在这张无形的网络中，一些人传递出的信息被另一些人加工处理后，就会形成特定的情感和行为。有人认为，就像鲨鱼皮肤上有一种特别的结构，可以探测细微的电磁变化，以便帮助鲨鱼追踪猎物。很可能人类身上也有类似机制，能让我们察觉到巧合，即共时性事件的存在。

有研究人员从人脑处理信息的特点出发，对巧合问题进行了分析。人类的大脑对规律和秩序有一种本能的渴求，总是试图从一团乱麻中理出头绪来。一项研究显示，巧合的发生是人脑探索现实中因果关系的必然结果。这种探索机制的存在，使我们能更好地适应环境。心理学家发现，人们习惯于从各类事件中提取具有相似性和规律性的东西，这些都是能帮助我们更好地探索外部世界的宝贵信息。

赋予事物特别的意义，也会促进巧合的发生，尤其是当它能起到安慰或解释的作用时。因此，当"不寻常"的事物出现时，有些人会认定其中必然蕴含深意。从某种意义上说，巧合只存在于那些善于捕捉它们的人的大脑里。

统计学家指出，许多看上去极不可能的事件其实是普遍存在的。从统计学的角度看，巧合的本质是概率，它们是随机发生的，没有任何特别的意义，而且它们总是在发生，因此不足为奇。

一个经典例子是：如果一个房间中有 23 个人，那么有 2 个人的生日在同一天的可能性会超过 50%。有人将此视为无法解释的巧合，但数学法则告诉我们，这几乎是注定会发生的，无论你将其赋予何种意义，都纯属"自作多情"。

一项研究专门收集了各种传得神乎其神的巧合性事件。经过对 5000 余件此类事件的数据分析，研究人员发现，有 28% 的案例都与日期或是数字有关。数字在生活中无处不在，是最容易触发巧合事件发生的事物，尤其是那些对我们有特殊意义的数字，比如亲朋好友的生日、某个纪念日、一些谐音数字等。

　　研究人员发现，在感到极度悲伤、愤慨或者焦虑时，人更容易察觉到巧合的存在。生活中有几类人比常人对巧合更为敏感，比如相信神秘力量的人、容易将外部世界的信息关联到自己身上的人、热衷于追寻意义的人、试图从蛛丝马迹中寻求慰藉的人等。一项研究显示，容易对巧合性事件感到震惊的人，也更容易相信所谓的超自然现象存在。

·摘自《读者》（校园版）2020 年第 12 期·

手机为什么让人停不下来

岑　嵘

我打开微信，原本只是想消磨几分钟，可是当过去了一个小时之后，我发现我的手指仍然在手机屏幕上滑动。在过去，人们浏览网页时需要点击翻页并且等候片刻才能进入下一页，然而现在所有的应用软件，无论是微信、微博还是抖音都不是这样的。无论何时，只要你浏览到页面的底端，下一页的内容就会自动加载，用户可以不停歇地一口气向上滑动手指来浏览信息。

这样做使得产品的操作更为简单，同时也让你的"胃口"变大，你原来准备看10分钟的信息。结果不知不觉看了一两个小时。

康奈尔大学的布莱恩·文森克教授是一位行为心理学家，他主持了一项设计巧妙的研究，发现了一些影响我们饮食方式的微妙因素。

文森克首先给一群美国大学生看了一个装有18盎司（1盎司约为30

毫升）番茄汤的碗，他问学生："如果让你们午饭时喝这碗汤，你们何时会不想再喝了呢？" 81% 的人给了一个视觉参考点，比如"碗空了我就不喝了"或"我会喝半碗"。只有 19% 的人说他们觉得饱了或不饿时就不想再喝了。

接下来，文森克为实验设计了一套特殊的装置，他在服务员通常放置汤碗的地方钻了一个洞，然后又在每一个汤碗的碗底钻了一个洞，在碗里插入一根管子，管子的另一端连着一锅热汤，可以让汤一点点地添进碗中，又能让喝汤的人浑然不觉。

文森克招募了 62 名食客，用普通汤碗喝汤的人喝了大约 9 盎司的汤，而使用无底碗的人则喝了又喝，当文森克叫停的时候有人仍然在喝。这些人评价此汤时说："很不错，喝得相当饱了。"事实上，他们喝的汤比用普通碗的食客多了 3 倍。

没错，当我们在那些电子产品上浏览信息和看视频时，就像在用那个"无底"的汤碗喝汤，在这个永远不见底的阅读界面中，我们无法停下来。

这些科技产品提供了各种新奇的信息和画面，人们在期待奖励时，大脑中多巴胺的分泌量会急剧上升。人们会因此进入一种专注状态，大脑中负责理性与判断的部分被抑制，而负责需要与欲望的部分被激活。于是大脑被各种未知的新奇事物所吸引，不停地发出"我还要"的信号，我们的手指也就不由自主地往上翻阅了。

每条新信息都会带给我们一些心理上的小意外。多巴胺之所以会奖励意外，这是我们在狩猎时代的产物。它鼓励我们发现新的狩猎技巧，寻找新的食物，适应新的环境，从而增加我们的生存概率。我们在不知不觉中常常会刷一整天的手机，不得不承认，我们对这个不见底的汤碗已经上瘾了。

·摘自《读者》（校园版）2020 年第 14 期·

中国人对奶茶的喜爱是"祖传"的

张雪瑜

　　如果要评选出这个时代最受欢迎的饮料，奶茶一定能入选 TOP3。对"奶茶狂魔"来说，即使排队几小时，身体日渐发胖，30 多元一杯的高价，依然阻挡不了他们对奶茶的爱。实际上，古人对奶茶的痴迷程度，绝不亚于当下的年轻人。

　　为了把奶茶喝得有仪式感，乾隆特地请人用新疆和田玉打造了一个奶茶碗，饰以错金的枝叶，108 颗精琢的红宝石镶嵌成朵朵花瓣，玉碗内底刻有"乾隆御用"四个大字，十分符合他"花里胡哨"的品位。

　　乾隆还曾为奶茶写诗："酪浆煮牛乳，玉碗拟羊脂。御殿威仪赞，赐茶恩惠施。"这几句话也被刻在了他的专属奶茶碗上，藏在北京故宫博物院里。

奶茶的诞生，追溯起来倒是耐人寻味的。有一种夸张的说法是，奶茶的饮用史，是一部浓缩的中国史。

奶，与茶的传播方向相反，随北方游牧民族的扩张而南下，冲击着中原的饮食文化。有赵武灵王胡服骑射、北魏孝文帝更姓易服的表率，农耕民族和游牧民族在交流过程中充分学习了对方的生活方式，其中的重要一项就是饮用奶和茶。

南北朝中叶，《齐民要术》就已经记载了很多好喝的奶制品，比如"煎炼乳"（浓缩奶）、"除去上浮物奶"（脱脂奶）、"醍醐"（精炼奶，类似酥油）等，看来那时，中原地区的人们已经有喝各种奶的习惯了。

到了唐朝，李唐皇室开拓了宽广的疆域，奶茶也有了新的成长空间。奶，经由西域胡人、北方牧民，被带进"国际大都市"长安，开始了与茶深深的"羁绊"。

相传，唐德宗是第一个在煮好的茶中加入酥的人，"酥"即经过加工发酵后的奶。唐代的李泌，也就是《长安十二时辰》中的主人公，也是一位爱好奶茶之人，他还为奶茶写了首诗："旋沫翻成碧玉池，添酥散出琉璃眼。"奶茶混合搅拌后出现的奶泡，被他比喻为"琉璃眼"，画面竟有些唯美。

而在唐太宗执政时期，文成公主远嫁松赞干布，给边疆民族带去了中原的茶叶和煮茶技术。当地人民用牛奶、羊奶加上茶叶熬煮成奶茶，惊喜地发现这种新型饮品还挺好喝的，之后便也有了"奶茶瘾"。

时至今日，西藏、内蒙古、新疆这些原本不产茶的地方，还保留着饮用酥油茶、咸奶茶的习惯，这其中也有大唐盛世的一份功劳。

奶茶历经了几个朝代的发展，到了清朝，皇室掀起了奶茶热，其狂热程度绝不亚于现在。清朝宫廷筵席中，赐奶茶是一项隆重的礼仪制度。

据史料记载，最爱喝奶茶的乾隆皇帝曾多次在重要筵席中喝奶茶、赐奶茶，意在体现清王朝对少数民族的优待和礼遇。

从唐朝写到清朝，写了这么多，只是想证明一件事：中国人对奶茶的喜爱是"祖传"的！

·摘自《读者》（校园版）2020 年第 14 期·

地球上的沙子即将用光，人类的建筑文明会终结吗

【美】埃里克·布朗

郝鹏程　编译

　　如果我告诉你，沙子也是一种非常珍贵的资源，你可能会觉得不可思议。但从手机到高楼大厦，沙子都是至关重要的材料。你的公寓或者房子的混凝土是用沙子搅拌而成的，玻璃窗也是用沙子做成的，手机或电脑里面的硅芯片同样是用沙子做成的，连你上班时走的那条路也有沙子在其中。一言以蔽之，沙子无处不在。

　　你可能会认为，沙子到处都是，沙漠里就到处都是沙子。然而，沙漠中的沙子无法作为建筑材料。适合用作建材的沙子必须是有棱角的沙子——河床或海滩上的沙子才是可利用的沙子。岩石和沉积物需要数千

年的时间才能分解成现在可供我们使用的颗粒。

尽管被沙漠包围，但迪拜的哈利法塔却是用从澳大利亚进口的沙子建造的。迪拜还从澳大利亚进口沙滩用的沙子。很明显，沙漠中的沙子也没法用在沙滩上。近年来，世界见证了建筑业的繁荣。从字面上讲，这一繁荣的基础是混凝土。据联合国估计，全世界每年要消耗400多亿吨的建筑材料——主要是沙子和碎石。美国地质调查局的数据显示，2011年至2013年，中国使用的混凝土比美国整个20世纪使用的还要多。沙子也可以用于填海工程。自1960年以来，新加坡的陆地面积从581.5平方千米扩大到721.5平方千米。据估计，填海造陆一平方千米需要多达3750万立方米的沙土。

沙子的稀缺和高价吸引了犯罪分子的注意。"沙子黑手党"是一群从禁止开采的地区非法挖掘沙子的犯罪团伙。他们既然不遵守法律，就更不可能遵守环保条例。在犯罪分子无序的开采下，鱼类和渔民都面临生存危机。

你现在可能会感到绝望：世界上的沙子快用完了，繁荣不仅无法持续，还有"沙子黑手党"肆虐街头。但这个世界曾经遇到过更可怕的情况，并设法渡过了难关。很久之前，有一位经济学家马尔萨斯认为粮食产量跟不上人口的增长，人类将来会被饿死。然而，他忽略了技术。技术可以极大地提高生产力。如今，粮食净进口国正在变成净出口国家。杂交种子、化肥、农业技术和杀虫剂已经将粮食产量提高到我们以前认为不可能达到的水平。

聪明的头脑寻找财富，问题也自然会有解决的办法。英国的4名大学生开发了一种名为"Finite"的材料，这是一种由沙漠沙子制成的混凝土替代品。它和住宅混凝土一样坚固，可以融化和回收。尽管目前还有待完善，但也让我们看到了希望。

　　沙子虽然是有限的，但人类的想象力是无限的。我有一种感觉——技术和毅力会帮助我们找到解决这个问题的办法。

·摘自《读者》（校园版）2020 年第 4 期·

古时温度如何测量

胡立成

　　"小兄弟，不能只讲风度，忘记温度，要穿厚实一些。"句中的温度是作为表示物体冷热程度的物理量，从微观上讲，它是物体分子热运动的剧烈程度。从中国古代发明的冰瓶到伽利略发明的温度计，温度计的产生奠定了记温学和热学发展的基础。

　　早在公元前 2 世纪，中国古人就开始以最简单易得的水作为介质制成温度计，并称其为"冰瓶"。它是通过水的结冰和融化来判断气温的。到了商周时，古人又开始观察"火候"，借燃烧时火焰的变化推测温度的高低，并把目测火候的方法运用于青铜器的冶炼。先秦时成书的《考工记·栗氏》，就记载了观察火候的方法和过程，不同火焰和烟色的变化代表不同的温度。如青铜冶炼时出现白色烟雾，表明温度大约为 907℃，锌开始挥发；炉火纯青，表明温度已达到 1200℃，锌完全挥发；全是铜的青焰时，表明此时可以浇铸了。经过现代科学验证，目测火候法相当准确，而且在现代冶炼、制瓷等多种行业中仍在运用。

随着西方科技的强盛发展，以及对地质的深入研究，使测量古时候的温度成为可能。科学家告诉我们，如能找到地质历史时期温度变化留下的痕迹，就能知道当时的温度。于是，人们从地球化学的氧同位素着手，终于找到了另一种测量古时候温度的可靠方法。氧元素是个大家族，包括氧16、氧17、氧18。其中，氧18的核反应能力大大超过了氧16和氧17，可它的数量特别稀少。据统计，在自然界中，每形成500个氧16，才会产生一个氧18。氧同位素的比值，会随着温度的变化而变化。当生物体活着的时候，它们体内氧同位素的比值，同所生存的环境温度有一定的关系。当这些生物体死去，它们体内的这种同位素比值就不再变化了。亿万年后，这些生物体遗骸成了化石，人们只要用化学方法从化石中提取氧，再测出氧16和氧18的比值，就能知道当时这些生物生活环境的温度了。你看，氧同位素的比值真可称得上是一支灵敏的温度计。

另外，在观察海洋岩芯时，科学家们发现，有一种对冷暖变化特别敏感的圆辐虫，计算它的数量与有孔虫总数的比率，就可以推算出当时的海洋温度。计算结果表明，高的比率与冰期的温水有关，低的比率与冰期的冷水有关。更有趣的是，螺壳的旋卷方向也与温度有关。凡是右旋的截锥圆辐虫的介壳，与温暖的环境有关，左旋的介壳则与较冷的环境有关。因此，从螺壳左右旋卷的比率，可推断盘古时期的温度。

探测古时候的温度所得到的古气候和古环境资料，可以为未来气候和环境变化提供预测依据，也可以为解释当今气候环境变化的原因提供有效的科学思路。

·摘自《读者》（校园版）2018 年第 13 期·

古代技术未来光明

【法】托马斯·卡维尔·福尔

苏 迪 编译

神奇的材料，隐秘的流程……诞生于千百年前的古老工艺着实匠心独具。何不借鉴它们，推动当下技术的更新？

玛雅蓝启发了新型纳米结构颜料的发明

尽管这一古老文明早在 16 世纪就已消失，但在中美洲的壁画、雕塑和陶器上，仍保留着它的蓝色印记。这种蓝色颜料拥有一种非凡特性：永不褪色。"事实上，它是有史以来第一种人造杂化纳米复合材料！"意大利都灵大学结晶学家罗伯托·朱斯泰托赞叹道。说它"杂化"，是因为它由野青树叶的色素和一种名为坡缕石的黏土混合而成；说它"纳米复合"，是因为这一混合发生在分子层面——"加热后，黏土中毛细管中的水就会被色素替代"，色彩因而经久不变。"我们受玛雅工艺启发，发明了更便宜而且不含重金属的新型颜料。"罗伯托·朱斯泰托介绍道。他已经创造了一种"玛雅红"，并在实验室开始了对"玛雅橙"和"玛雅黄"的测试。

古罗马混凝土将使我们的建筑更牢固

对于建筑工程师而言，这真是精彩的一课。"当前的混凝土大桥的预计寿命只有 150 年，时间一到，就必须进行大修。但一些古罗马建筑已经矗立了整整 2000 年！"美国加州大学伯克利分校土木与环境工程学教授保罗·蒙泰罗指出。奥秘何在？法国国家科研中心物理学家皮埃尔·列维茨解释道："他们的水泥源于一些现成的材料——石灰和火山灰。"一旦与水混合，这种混合物就会结晶成一种矿物：水铝黄长石。"正是这种晶体，避免了混凝土罅隙的进一步扩大。"保罗·蒙泰罗介绍道。与我们使用的钢筋混凝土相反，通过相同的结晶过程，罗马人使用的建筑材料还可以在海水中凝结形成含铝雪硅钙石，而且这一反应将持续进行。今天，一些实验室受此启发，在混凝土中掺杂作用类似火山灰的冶金废料。这一改进也颇具环保意义，要知道，罗马人烧制水泥的炉温只有 900℃，而如今的工艺高达 1450℃，且是全球 7%~8% 的二氧化碳排放的来源。

古埃及化妆品使我们重新发现铅的价值

古埃及人画在眼眶上的那些眼影并非只有美化和宗教功能，它们还具有切实的疗效。法国巴黎第六大学分子与结构考古实验室主任菲利普·沃尔特指出："最令人惊讶的是，这一特性竟缘于其中几种以毒性闻名的铅盐，尤其是羟氯铅！"不过我们知道，在医药方面，毒性的大小往往取决于剂量。

菲利普·沃尔特的科研团队提取出保存在古代陶罐中的化妆品成分，对它们引发的皮肤细胞的反应进行了分析。"亚微摩尔的铅盐对皮肤的损伤并不大，反而还会促使细胞生成一氧化氮，激发非特异性免疫反应。"菲利普·沃尔特解释道。在尼罗河流域的沼泽环境中，这一效应能有效预防尤其在洪泛期流行的眼疾。可以把重金属重新纳入我们的药典吗？医学界似乎忘了"毒理学之父"帕拉赛尔苏斯的教诲：唯剂量决定毒性。

印度铁柱催生了新型抗氧化金属

为何这根高达 7 米、重达 6 吨的铁柱能够屹立 1600 年而不生锈？已于 2009 年过世的冶金工程学博士拉马穆尔西·巴拉苏布拉马尼安找到了其中的原因。借助化学分析和 X 射线，他发现这根铁柱的用料十分纯净，含铁量竟然高达 99.72%——直至 19 世纪，西方人才学会了生产如此高纯度的铁。他还证明，人们有意或者无意添加的磷能够生成一层由铁、氢和磷酸盐构成的薄膜，它大大降低了铁柱的腐蚀速度。耐腐蚀金属涂层方面的专家、美国 EonCoat 公司的工程师如今正在尝试借鉴这种工艺。

中国陶瓷挑战磁铁制造商

中国宋代的陶瓷令一些物理学家感到震惊。据法国国家科研中心古代材料专家菲利普·肖介绍，"'油滴盏'上的黑釉由一种纯净的、罕见 ε 晶相氧化铁组成。"这一晶相的矫顽力极强，尤其适合制造磁铁和磁盘。但以当前的生产手段，它们时常会与其他氧化铁晶体——如赤铁矿混合。"可是早在 1000 多年以前，中国工匠就以近乎工业生产的方式获得了非常纯净的材料，而且那些陶瓷的产量极高！"到底有什么秘诀？"借助龙窑——一种依山而建的多重窑炉，他们精确地控制了陶瓷的焙烧环境。"菲利普·肖指出，"正确的加热时间、温度和冷却过程正是其中的关键，因为以相同原料生产的其他陶瓷并不具有相同的纯度。"现在的任务，是找到千年古磁铁的制造工艺。

当一个傻帽悲观派还是理性乐观派呢

罗振宇

这个世界到底是会越变越好，还是会因为某个迫在眉睫的危机而变得一团黑暗？我们是要当一个傻帽悲观派，还是一个理性乐观派呢？

先从悲观谈起吧。大家闭上眼睛想一想，这个世界上有多少会让我们悲伤的事情啊，贫困、疾病、土壤沙化、大气层酸雨、臭氧层稀薄、生物种群灭绝、小行星撞地球、雾霾围城、癌症发病率上升、普遍的道德堕落……这些问题经过专家、教授、学者和媒体的添油加醋，已经深入人心了，他们为什么这么说呢？因为这么说有名有利。

先说有利。有人给美国前副总统戈尔算过一笔账，他光靠吓唬全世界人民就有上亿美元的进账，而他自己在田纳西州的豪宅的人均碳排放量是美国人均的十几倍，是中国的 100 多倍。

另外就是有名。不知有多少诺贝尔奖获得者、畅销书作者、纪录片导演，都是靠给人类带来坏消息而成名的。这些人有忧郁的眉头、机智的眼神、坚定的信念，怎么可能没有善良完美的心灵呢？

一个人是不是高尚，跟他得出的结论是不是正确，这之间相差了十万八千里。但是所有这样做的人，都获得了好名声；相反，所有对这个世界抱有乐观态度的人，反而显得很浅薄。

著名的经济学家哈耶克讲过一句话："如果对人类发展的善性抱有乐观态度，这样的人就显得心智浅薄。"所以，有名又有利，还显得不浅薄，为什么人们不对悲观趋之若鹜呢？

我们现在是最糟糕的？

悲观的论调在人类历史上源远流长。在公元前 8 世纪的古希腊时代就有诗人吟唱道："过去的时代多么美好，现在是多么糟糕。"古希腊人把世界历史分成 3 个阶段：黄金时代、白银时代、黑铁时代。黄金时代那是很久很久以前的事了，而"现在"是最糟糕的黑铁时代。

中国的孔子也这么说，所有的思想家都这么说——过去很美好，现在很糟糕。孔子之后 1000 多年的朱熹就说："三代以上，天理流行，王道治世；三代以下，人欲横行，霸道盛行。"

但有趣的是，所有这些"高大上"的、显得那么正确而有智慧的言论，没有对过一回。人类世界到今天为止，一直是蒸蒸日上的，所有的担忧几乎都没有实现，所有我们认为注定要恶化的情况都没有恶化。

一个最典型的例子就是工业革命。工业革命应该说是人类历史发展到今天最没有争议的、对人类贡献巨大的一个历史阶段。我们就拿工业革命的发源地英格兰来说，英格兰在 1750 年到 1850 年这 100 年的时间里，发生了什么呢？

首先，我们看到的一个表象就是人口大爆炸。1750 年英格兰只有600 万人，到 1800 年就变成了 900 万人，到 1820 年已经变成了 1200 万人。人口爆炸肯定能说明一些问题，最起码食物增多了，人们普遍的营养水平提高了，生活品质提升了，才会发生人口大爆炸，唯有盛世才会有这么一个结果。

可是当时的文人是怎么描述那段日子的呢？大学者罗素就讲过一段话，稍微学过经济史、有一点常识的人都知道："工业革命带给英国人的是一场灾难，那 100 年英国人的幸福感和之前 100 年是没法比的，而这些问题都怪科学技术。"

其实当时考察过英格兰社会的人有很多，比如说伟大的革命导师恩格斯。他那时候还很年轻，1844 年在伦敦待过一段时间，然后写了一本书叫《英国工人阶级状况》。他在伦敦看到的的确都是贫民窟，是工人阶级在啼饥号寒。到了 1892 年，他的《英国工人阶级状况》已是名作，正要出版第二版，恩格斯写了一篇序言，老老实实承认，当年描述的情况现在在英国已经不复存在了。在工业革命阶段，当时人们感受到的那种痛苦和不堪，后来才发现其实全是谎言，全是错误。

其实当时很多把工人阶级的生活状况描述得一团漆黑的人，是根本没有在工业区待过的文人，包括有些贵族老爷到工业区一看，那么脏乱差，居然还把衣服晒在户外！

贵族老爷自然看不惯这些，但这恰恰是工业革命爆发之后，英国人生活水平改善的一个标志，他们开始换洗衣服了。那个时候法国人一般不在外面晒衣服，一辈子只有一件老棉袄，而且还是世代相传的，白天当衣服，晚上当褥子，当然不用洗。虽然看起来很原生态，可那恰恰是落后和贫困的标志。

18 世纪早期，英格兰人只能吃黑麦、燕麦做的面包，但是到了工业革命快结束的 1850 年前后，小麦做的面包以及原来非常奢侈的肉、蔬菜、水果这些东西，已经进入了寻常百姓家。所以，那段时期是最没有争议的英格兰经济和普遍状况蒸蒸日上的时段，尽管无论是当时的人还是后来的人，都把它描述得一团漆黑。

我小时候真被吓得不轻。1968 年，有几个意大利人和一个苏联学者在一幢小别墅里搞了一个聚会，把全世界很多著名的科学家都给请去了，探讨人类的未来会怎么样。一探讨，就觉得这日子没法过了。1972 年，他们发表了一篇著名的报告，署名是罗马俱乐部。那篇报告叫《增长的极限》，内容是说整个地球的资源已经快用完了，石油最多够用 30 年，人类没几天好日子过了等等。

所以，我上小学、初中的时候，老师就跟我们讲要环保，要发扬中华民族勤俭节约的优良传统，资本主义再这么糟蹋下去，世界人民的好日子就不多了。可是实际上呢？40 多年已经过去了，各种资源的探明储量不仅没有减少，反而在增加，增长的极限没有到来，我们仍然在玩命地往前跑，丝毫没有停下来的迹象。

又过了几十年，到了 1992 年，在巴西里约热内卢召开的联合国大会上，世界各国的领导人一起签了一本特别厚的文件，叫《21 世纪议程》，就是说人类已经到了最紧要的关头，我们再不停止发展的步伐就不行了。总而言之，大祸临头了，咱们得想想未来怎么过日子。

不管这些言论有多么崇高的动机，它们有一个共同的特征，就是都说错了，因为它们对现状的描述、对未来的预期都没有实现，最后被证明正确的是我们这些傻呵呵的理性乐观派。

当我们与诺奖得主谈话时能谈些什么

李雪萌

对方"不明觉厉"时，你能做些什么

诺贝尔又颁奖了、日本人又获奖了、诺贝尔奖不让你熬夜……诺贝尔奖又连续数日占据了各大媒体的头条。这大概是一年到头，科学仅有的能享受到这种万众瞩目的待遇的时候。

就算我们不懂引力波、冷冻电镜、生物节律，但对几位获奖者仍然无限崇敬。科学令人不那么愉快的原因之一，就在于越往上走，圈子就越小，越拒人于门外。面对自己仰慕的人却难以与之对话，实在不是一件令人愉快的事情。

有的科学家十分善解人意，因为他们横跨好几个领域，总有一个领域你能插上几句话，比如罗纳尔德·霍夫曼。这位 1981 年诺贝尔化学奖得主，还是一位诗人，出版过 3 本诗集、3 个剧本，写过 2 本艺术著作，其中一本叫《超越局限：艺术和科学中的崇高感》。霍夫曼还担任过电视科普片的主持人。中国汶川地震后，他还与人合作发行了韦唯的歌曲《爱的奉献》的英文版。谈不了化学时，就谈谈诗歌吧，这是人类共同的语言。由于来自有着几千年诗歌传统的中国，你说不定反过来会受到诺奖得主的景仰！

文学即人学，每个人都能对自己的学问发表看法，无所谓对错。跟文学家说"莎士比亚是文学巨匠"，没毛病；说"莎士比亚不是文学巨匠"，也完全讲得通，说不定对方还可能更有兴趣跟你深入交流。但坐在对面的是一位化学家，你说"水的分子式是 H_2O"，可以；要是说"水的分子式不是 H_2O"，这谈话基本就没法进行下去了。

不会做衣服的厨子不是好司机

"学霸"们最可恨（厉害）的地方在于，不管哪一门功课都能考第一。你觉得你游戏打得更好，那是人家没认真去打，要是有打游戏这门课，人家照样能打成第一名。

科学一方面有着鲜明的学科边界，另一方面似乎又并不那么排他，精通多个学科的高手屡见不鲜。

相信很多人的朋友圈都曾被一个叫海蒂·拉玛的好莱坞大美女刷过屏。据说她的名言是："比我聪明的没我美丽，比我美丽的没我聪明。"她创办过自己的电影公司，是世界上第一个全裸出镜的女演员，最主要的，她还是一位通信技术专家。她发明了"跳频技术"，为 CDMA 技术奠定了基础，更重要的是为今天人们须臾不可离的 Wi-Fi 技术奠定了基础。这位美女演员是真正的科学家，获得过"电子前沿基金会"的先锋奖，入选"美国发明家名人堂"。

久远的跨界名家就不必多说了。比如牛顿，数学上发明微积分、光学上发现七色光、力学上提出力学三大定律、天文学上提出万有引力定律，还研究炼金术，从事过行政管理，担任过皇家造币厂厂长、皇家学会会长。

比如"人肉百科全书"达·芬奇，不仅是画家，还是天文学家、发明家、建筑工程师，擅长雕刻、音乐，通晓数学、生理、物理、天文、地质，基本就是一位活在人间的"上帝"。

中国科学家在跨界方面并不逊色，顾毓琇可作为这个排行榜的代表人物。作为科学家，他在电机自动控制方面有过重要贡献；作为诗人，他创作过 7000 多首诗词；作为戏剧家，他创办了上海戏剧专科学校；作为音乐家，他担任过音乐学院的院长；作为教育家，他在浙江大学、清华大学等多所大学创办过电机系。

诺贝尔的历史上也从不缺少跨界的名人。居里夫人就曾既获得物理学奖又获得化学奖。1978 年诺贝尔经济学奖的获得者赫伯特·西蒙（这家伙给自己起了个中文名叫司马贺），除了经济学，在管理学、心理学、计算机科学领域都得到过最高奖。这位天才 1972 年作为美国计算机科学代表团成员访问中国，其后又多次来访，"为推动中国科技的发展与进步做出了重要贡献，对我国的科学影响非常广泛，几乎涉及各个学科，包括经济、管理、政治、计算机、法律、财政金融等领域"。他还曾在北大做过关于心理学的讲座——跟诺奖得主面对面交流并非完全不可能！

"天才只是一个有天赋的人在努力工作"

有人说达·芬奇能成为一个全才，是因为那时候还太早，所有理论都还在胚胎状态，奠基比较容易，放到现代已经不可能了。然而面对这些在各个领域都不给别人留活路的人，才知道跟时代没有关系，主要的问题还是智商。你以为在诗歌、文学、电影这些门槛基本为零的领域多少能跟人家对话，但没想到这些地方人家也是一剑封喉，随便一个"三一律"就能让人晕菜！

小时候，每个年级都有那么几个让人羡慕（讨厌）的孩子，每次考完试都说"哎呀，昨晚没复习，又没考好"，然而发下试卷又是满分。后来才知道，人家昨晚可能真没复习，但除了昨晚，每一天都用功学习到深夜！用鸡汤语言来说，就是"必须十分努力才能看起来毫不费力"。

前文提到过的赫伯特·西蒙，那个横跨 10 多个学科的逆天存在，似乎总是在游山玩水、弹钢琴、画画，"用一年中喝咖啡的时间就拿到了诺贝尔奖"。然而在自传中，他说："我诚然是一个科学家，但是是许多学科的科学家。我曾经在科学迷宫中扮演了许多不同的角色，角色之间有时难免互相借用。但我对我所扮演的每一种角色都是尽了力的，从而是有信誉的，这也就足够了。"

他一直都很努力，70 岁高龄开始学习汉语，并很快可以用汉语写信。"大神"就是这样炼成的。

所以是时候祭出这句耳熟能详的话了："天才就是 1% 的灵感加 99% 的努力。"不管这话还有没有后半句，也不管这 1% 和 99% 哪一个更重要，总之世界上没有无缘无故的成功。爱迪生还说过："天才只是一个有天赋的人在努力工作。"努力学习吧，就算永远没机会跟诺奖得主共进午餐，至少朋友圈转发文章时能更容易分辨清哪些是谣言。当全社会都在一个认真学习工作的氛围里，我们的诺奖得主也会越来越多！

打屁股的经济学

秋　谨

家庭收入决定打屁股的频率

在世界很多地方，淘气点的小男孩几乎都被父母打过屁股。如果你以为打屁股完全是由于孩子淘气而导致的，那可就大错特错了。事实上，孩子被打屁股的频率与孩子所在的家庭收入有着分不开的关系。美国一家研究机构几年前通过一项调查发现，那些人均年收入高于 1.7 万美元的家庭里，孩子被打的次数大约为每 4 个月一次；而那些人均年收入低于 6000 美元的家庭里，孩子每 6 周就要被打一次屁股。

其实这是由于家长用打屁股来替代物质惩罚而造成的。我们可以想象一下，在中高收入的家庭当中，孩子从父母那里可以得到的物质奖励非常多，孩子的经济来源完全掌握在父母手中。如果孩子做了错事，父母想要惩罚一下他的话，只需要控制物质供给就可以了。

但是在低收入家庭里，孩子本来就缺少物质奖励，如果父母再减少孩子的零用钱，孩子很可能在学校吃不饱饭。因此，从经济上来惩罚孩子明显是不现实的，打屁股自然就成了惩罚孩子最简单有效的方法了。

最少的成本，最大的收益

那么，父母为何要打孩子的屁股而不打其他部位呢？最开始，发明打屁股的人应当是一位母亲。母亲的想法都是单纯的，就算自己的孩子犯了再大的错那也是个宝，虽然他们淘气时会让人恨得牙痒痒，但是怎么也不能打得太过分。于是，人身体上肉最厚的部位——屁股便成了最佳选择。屁股打起来"啪啪"作响，实际上却不会造成太大的伤害，既可以起到警告作用，又没有后顾之忧，简直就是"屁股不是天生就用来打的，但用来打的地方天生就是屁股"。

在中国，打屁股的种种好处居然也被皇帝发现了，"廷杖"之刑正是打屁股的延伸。他们把打屁股的经济学原理运用到廷杖中，用最小的成本换取最大的收益。

说到廷杖的成本，那可真是低廉得可以。执刑用的木杖可以反复使用，绿色环保无污染，又非常省钱；执刑的人员也不用另找，普通的衙役不打人也是那点工资，打人也是那点工资，相当于根本没有人力成本的支出。

与低廉成本形成鲜明对比的，是极高的收益。由于廷杖主要是针对朝中官员的一种惩罚手段，从生理上讲，皇帝让那些不听自己话的大臣们受了皮肉之苦，与此同时，更是让他们在同事面前丢了极大的面子，对其心理造成的打击更是其他刑罚无法比拟的。用最小的成本换取最大的收益，难怪廷杖会受到众多帝王的推崇。

·摘自《读者》（校园版）2013 年第 5 期·

隐蔽的大宋货币战争

王吉舟

如果你是一个生活在 1000 年前，你会遇到这样的情况：

羊肥了，该卖了，收购羊的商人是宋朝来的大客户，他给你的钱是大观通宝，而你并没有觉得这有什么问题。你去集市买几尺布料给孩子做衣服，你买的布料是临安产的，对了，事实上，整个集市上没有什么像样的东西不是进口的。你付给老板一把大观通宝，老板收下，找给你一把崇宁通宝，你们俩都没有觉得这有什么问题。

这样的日子每天都在重复，你每年都在辛苦地养羊，但是，生活一点也没有变得富裕。你实在想不清楚，究竟是什么导致自己这么贫穷。事实上，你可能从来就没有想过这个问题。老百姓为什么穷，就像太阳为什么升起，不值得想。

偶尔谁去了一趟临安，那可是值得他夸耀一辈子的大事，临安的繁荣，南朝的富庶，是大家从小就听到的传说，听说那边"农夫蹑丝履，走卒类士服"，咱这边县上的干部家才有丝履，平时还舍不得穿。

可惜，临安就像天堂，大部分人这辈子没有机会去见识。

年尾，官差来收税了，你家纳的还是大观通宝，官差没有说什么，他也不觉得这有什么问题。

言归正传，要讲宋朝的货币战争，不得不从"澶渊之盟"说起。

说起"澶渊之盟"，我们又想起不平等条约和杨家将了。大家都知道老杨家"七子去，六子还"，死得那个惨烈，连烧火丫头都上了，最后皇帝老儿还是贪生怕死，签了议和条约。

"澶渊之盟"的内容大体上有这么两条：

一、辽、宋为兄弟，以后，谁家的皇帝年纪大，谁家的皇帝就是哥哥。

二、宋向辽供岁币，银十万两，绢二十万匹。双方开展自由贸易。

汉族骂条约不平等，主要是因为这第二条。但是，我们骂归骂，心里要清楚牌局。十万两白银是个什么概念？大宋的岁入是一亿两白银，打宋辽战争，每年军费是五千万两白银。

关键在于——两家开展自由贸易。这"岁币＋自由贸易"可太厉害了。

大辽除了卖羊卖马能有什么贸易基础？它几乎没有任何产品可以输出给宋，而宋的每一种商品都是辽需要的。开始辽还卖些马，后来发现大宋的骑兵越来越多，就不敢再卖马了。萧太后下令谁出口马，杀谁全家。结果，边境贸易从一开始就变成一边倒的对宋贸易巨额逆差。大辽收的岁币，不但到年底全被大宋赚得干干净净，还倒赔上许多。

从经济学的角度看，岁币更像今天中央支援边疆建设的财政补贴。

大辽不懂经济，后来就干脆不发行货币了，反正发行出来老百姓也不认。即使大辽皇帝本人，也觉得只有大宋的钱才是真正的钱。

要了大辽老命的货币战争，就这么悄无声息地开始了。

结果是，一百年双方无战事，大辽的财富通过货币战争，源源不断地输入大宋。大宋的先进文化传播渗透进了大辽的每一个毛孔。

金灭辽后，大宋跟金打了一仗，发现也打不过金，就跑到南方继续与金玩货币战争。大金不知是计，也接受了"岁币＋自由贸易"的游戏规则，放弃了货币发行权，全国继续使用大宋的货币，结果一百年后，大金也虚得不行了。

在今天的古钱币收藏界，很难找到辽和金发行的铜钱，反倒是宋的铜钱质量既好，款式又多，数量多得以至于到了今天比清代的铜币还便宜，这就是这场持续了三百年的货币战争的遗迹。

蒙古灭金后南侵，大宋的群臣拒绝议和，非要 PK 蒙古，结果，汉族的历史从此走入黑暗。

研究元史发现，其实蒙古人最初是想跟大宋继续"岁币＋贸易"游戏的，只不过价码要得比金高了。但价码再高，它也是要用大宋铸的币的，可惜啊！

大宋皇帝通过铸币，实际掌握了北方的财政权。北方的原材料与劳动剩余价值，通过自由贸易和使用南方的铸币，源源不断地输入南方，换回南方的商品，这种壮观的南北货币战争，持续了整个辽、金与宋对峙的三百年历史。

1000 年前这段有趣的货币战争历史鲜为人知，十分值得后世的人们玩味。后世史学家总觉得，金与辽的迅速腐化、衰亡，是由于金、辽两朝统治者心理汉族化、生理女性化造成的。殊不知，经济上被掏空，才是帝国日益虚弱的根本原因。

·摘自《读者》（校园版）2014 年第 8 期·

后出手者为何总是会赢

岑 嵘

我的少年时代是在录像厅里看武侠电影度过的。那些无比狗血的剧情，在当时我却看得津津有味。假如今天再看，我一定会大笑，比如大侠接最后一支镖一定是用嘴；如果出现了女侠，那么一定有一个男侠暗中保护；倘若两个重要角色决斗，后拔剑的那位一定会赢。

关于最后一点，我后来发现西部牛仔电影也是这个套路。在酒馆门口，好人和坏人开始决斗，这个时候，一定是坏蛋先拔出了枪，只听一声枪响，两个人都屹立不动，酒馆里的人伸长了脖子，忽然，"扑通"一声，坏人倒在了地上。

当男主角轻松地吹着枪口上的轻烟时，我开始考虑这么晚回家，如何找个理由躲过老爸一顿打。而有些人则不一样，他们要问一个为什么。

诺贝尔物理学奖得主尼尔斯·玻尔就曾经安排过一个模拟决斗，来测试这种电影情节的合理性。玻尔的同事乔治·伽莫夫扮演了先出招的反派角色，在一系列的模拟决斗中，后出招的玻尔每一次都赢了。这位物理学家的结论是：大脑对危险做出回应的速度比执行一个有意的动机更快。

英国布里斯托尔大学的心理学家安德鲁·威尔士曼在 2010 年也研究了这个决斗问题，他想揭示大脑对危险做出回应的方式。他的团队在实验室组织了模拟的"枪战"，两人一组的志愿者在计算机前展开"决斗"。他们发现，后出手的志愿者平均花费的时间比前者少 9%。威尔士曼推测，在立即回应至关重要而且值得担当错误风险的情况下，这种快速的、有点不太准确的反应系统可能可以帮助人类处置危险。"大脑拥有一个比基于决策系统快一点的反应系统是合情合理的。"威尔士曼说。

"后出手制胜这种现象也普遍存在于商业领域中。"普林斯顿大学经济学教授阿维纳什·迪克西特说，"跟在别人后面采取行动有两种好处，一种是看出别人的策略，你立即模仿，比如宝洁作为尿布行业的老大，当金佰利发明了可再贴尿布粘合带，他们立刻模仿，保持了行业统治地位。"

另一种是再等等，直到这个策略被证明成功或者失败再说。在商界，等得越久越有利，这是因为商界和体育比赛不同，这里的竞争者通常不会出现赢家通吃的局面。结果是只有市场上的领头羊们对新生企业选择的航向同样充满信心时，他们才会跟随这些企业的步伐。

话说回来，当年那些编剧可没想这么多，不过他们这么编排其实也是一种后发制人的跟随策略——前面的狗血剧情也是这么编的，票房似乎还不错嘛。

20 世纪 80 年代的"侠士们"在大街上被人追杀，尽管有很多事要做，但他们知道，弄翻两旁的小摊是最重要的，因为前人也是这么干的。

·摘自《读者》（校园版）2014 年第 14 期·

可怕的恶性竞争

岑　嵘

刘震云的小说《新兵连》中，新兵们都希望能当上"骨干"，这是个人进步的第一站，所以人人都盯着"骨干"。可连里规定，一个班只能确定三个"骨干"，这就增加了问题的复杂性。

为了表现出积极性，大家早晨起来开始抢扫帚打扫卫生。人与人之间的关系也随之紧张了。因为大伙总不能一起进步，你进步我就不能进步，我进步你就不能进步；你抢了扫帚，表现出积极性，我就没有表现的机会。于是大家心里都挺紧张，一到五更天就醒来再睡不着，惦记着起床号一响就去抢扫帚。

我没有抢过扫帚（我想我会抱着扫帚睡觉），可是类似的事情也碰到过。高三那年，教室里到处写着诸如"只要学不死，就往死里学""提高一分，干掉千人"之类的标语，老师把每次的考试成绩都进行排名，每个人都杀气腾腾的，感觉不是去高考，而是去参加"神风特攻队"。

我们都知道，高考并不是以知识的绝对值来决定成败的，而取决于你在所有考生中的相对位置。如果你将自己在考生中的排名提前，那么必然会有考生的排名相对落后了。

一个人的胜利是以另一个人的失败为基础，这就是博弈。于是这场竞争变得有些惨烈，大家不断加码，你睡5个小时，我就睡4个小时。

这种竞争的极致就是头悬梁、锥刺股。学习这件事如果需要用锥子扎自己的大腿，那么还有什么乐趣可言？但是如果一个人无望摆脱这种虐待，他就会转而享受虐待，所以中国历史上总有人拿着自己被扎烂的大腿到处展示。

经济学家也注意到了这种现象，普林斯顿大学经济学教授迪克西特说："为什么有些学生过于勤奋？原因在于他们不必向其他学生支付任何价格和补偿。每个学生的学习好比一家工厂的污染，会使其他学生感觉难以呼吸。由于不存在买卖学习时间的市场，结果就变成一场你死我活的残酷竞争。"

解决恶性竞争之道在于达成某种协议限制竞争。1968年，美国法律禁止通过电视做烟草广告，烟草商哭爹喊娘拼命抵制，以为这次损失大了。然而等到迷雾散尽，他们却意外地发现，这项禁令实际上有助于他们避免昂贵的广告支出，从前各家公司为了占据市场而一掷千金投资广告的恶性竞争消失了，其利润都有了大幅提高。

20世纪50年代，美国常春藤名校联盟遇到了一个难题，每所学校都想训练出一支战无不胜的橄榄球队，但他们很快就发现，就算玩命地训练，胜者只有一支球队。无论队员怎么勤奋、球队耗资多少，赛季结束时，每支球队的排名都和以前的排名差不多。而且如果过分注重体育，还会降低学校的学术水准。

毕竟是常春藤名校联盟，大家的脑子都转得飞快，很快这些学校之间达成了协议，将球队的春季训练时间限定为一天。虽然球场上出现了更多的失误，但是比赛的刺激性一点儿都没减少，而运动员也有了更多的时间专心学习。

·摘自《读者》（校园版）2015 年第 6 期·

经济学家为什么爱读讣告

岑　嵘

　　夏洛克·福尔摩斯习惯每天叼着烟斗看报纸，他最关心的是报纸上刊载的启事和讣告。在他看来，这些文章隐藏着很多重要的信息。

　　经济学家同样喜欢读讣告，他们可不是为了寻找破案线索，更不是为了看看老对头有没有撒手归天，而是为了从中挖掘重要的经济信息。

　　二战时期，盟军迫切想了解德国境内的损伤状况。经济学家想出了一个方法：阅读德国各地报纸地方版的讣告。德国人长久以来对讣告是相当看重的，讣告对死者的生殁年、职业、阶级、服务单位、死亡地点都有详细记载。美国通过驻瑞士领事馆，搜集德国各地的讣告，样本数约为各地报纸种类总数的1/4。分析者通过1941年6月22日到1942年10月31日的官兵伤亡统计，得出一个比例：每阵亡1个军官，就会有

21.2 个国民死亡。

经济学家还发现，阅读讣告对投资大有帮助。美国普渡大学的经济学教授马拉·法西欧等人，使用一种特别的方法，研究政治家意外死亡对其家乡企业的影响。

他们评估了 123 起政治家的意外死亡和 1700 多家公司的股票价格，发现了一个具有强烈统计显著性的关联：某个政治家的意外死亡，将降低那些公司总部在那个政治家家乡的公司股票价格。受其影响，这些企业的股票价格将偏离整个股市大方向的 2%。

同时，经济学家还注意到公司与个体之间的区别。那些家族型企业从政治关联中获得更多好处，他们的股票在政治家意外死亡之后也会疲软很多；较小规模企业的股票价格会因为失去庇护遭遇更大幅度的下降，而大企业拥有与政治家构建的广泛的关联网络，因而损失较小。一家大企业可能同时为两个政客提供金融支持，这使得大企业可以较低程度地依靠某个个体的庇护。

另外，越是腐败盛行的地区，政治家对股市的影响就越大。20 世纪 90 年代，印尼时任总统苏哈托传出健康问题，与苏哈托政府保持密切关系的企业，股价平均下跌 25%。要知道 2007 年苹果公司发布 iPhone 手机，其股价才上涨了 8%。

马拉·法西欧的理论告诉我们，当看到政治家意外去世的讣告后，投资者应该迅速做出决策，股票市场的反应将会在政治家死亡后 10 天之内爆发出来。同理，当我们得知某个"大老虎"突然倒台或某个重要官员因抑郁症身亡时，也需要及时清理与之关联的股票。

经济学家最不希望看到的可能是同行的讣告，但也许有人爱看。据说一位芝加哥学派的经济学家死于贫困，为给其办葬礼，有人向当地期货商发起募捐。一位商界大佬接到募捐一元钱的通知，好奇地问："就一块钱？一块钱就可以安葬一个经济学家？这是 100 块钱，拿去葬 100 个经济学家。"

·摘自《读者》（校园版）2015 年第 9 期·

当"吃货"遇到经济学

岑 嵘

美国乔治·梅森大学的经济学教授泰勒·柯文是个典型的"吃货"，在他的著作《经济学家的午餐》中，他把美食星探和经济学家这两个角色结合得天衣无缝。

现在，让我们和柯文教授一起走进一家高档饭店。当你拿起菜单，柯文教授给你的第一个忠告是："你首先问自己，哪些菜是我最不愿意点的？哪些菜看起来让人最没有胃口？那么你就点这些菜。"

难道教授不知道"不作死就不会死"的道理吗？柯文教授并不是这么看的，他的逻辑很简单：在豪华餐馆，菜单都是由专业人士精心设计的，一道菜出现在菜单上，必然有充分的理由。如果这道菜看上去不怎么样，它很可能吃起来味道相当好。

任何你从没听说过的菜，尤其是听上去很恶心的原材料，通常在高档餐馆被专业厨师做得非常好吃。而许多常见菜则可能略低于菜单上菜品的平均水平。许多不会点菜的人会点烤鸡之类的家常菜，它会出现在许多菜单上，然而，尽管它吃起来不错，但并不会让你品尝到顶级美味。

也许你以为越富有的国家，食物会越好吃，但柯文教授不同意。他说："应该选择一个贫富差距悬殊的国家。窗户上装着铁栏杆、院墙上装着铁丝网，通常说明这个地区不安全，但在这里往往可以品尝到美食。"

柯文教授解释说："最低工资线越高，越难以雇到好厨师，因此，真正的美食家应该去贫富悬殊的地区，在这些地方，穷人会为了谋生去给富人做饭。北欧国家的居民收入平均，人人富有，但这不利于这些国家生产美食，因为居民收入分配越平均，厨房劳工的雇用价格就越高。如果非得在这些国家用餐，你最好去移民开的风味餐厅（比如吃印度菜）。"

当你匆匆地想走进一家位于黄金地段的餐馆时，柯文教授又一把拉住了你。他说："当店面的租金高时，餐馆要么客流量大，要么出售的食物价格惊人。比如在曼哈顿和其他大城市的中心，有许多国际连锁餐馆，这些餐馆的菜味道都很普通，因为他们的生意是靠大量的顾客来维持的。"

柯文教授的建议是，去租金较高地区周边的低租金地区就餐，比如在洛杉矶，可以去城东部吃墨西哥菜，或者在韩国城吃亚洲菜。在好莱坞，东部的食物比西部的性价比更高，因为西部是明星们居住的地方。低租金意味着更多的人能尝试经营一家餐馆，更多的人能试着出售家庭饭菜，而最有烹饪创意的通常并不是有钱人。

柯文教授认为：餐饮业也存在着一种叫"长期均衡"的经济学法则，因此，他还有一个绝活，即通过餐馆里的食客类型来判断菜品质量的好坏。比如去一家中国餐馆，里面的顾客们像在家里一样很放肆地吵吵嚷嚷，这绝对是一个好征兆；如果一家餐馆里顾客中美女扎堆，那就很危险了，因为会有很多男人也跟着进去，而不在乎端出来的菜是否好吃；如果餐馆里都是蹦蹦跳跳的孩子，那你就赶紧闪人吧，要知道，孩子的口味会对美食造成难以挽回的破坏。

·摘自《读者》（校园版）2015 年第 17 期·

池塘和大海

岑　嵘

美国经济学家罗伯特·弗兰克说：我们社会生活的质量，取决于我们渴望成为哪个池塘里的大鱼。如果只有一个池塘，每个人都把自己的地位跟别人进行比较，那么绝大多数人都是失败者。毕竟，在一个有鲸鱼的池塘，即便是鲨鱼也会显得渺小。与其和全部人比，不如从整个世界里划出一个小群体，在这个小池塘里，每个人都是成功者。

经济学家们发现，人类的快乐和幸福感是比较而言的。如果我们愿意心平气和地与从前相比，我们有了电脑、汽车、智能手机、社交网络，我们应该比从前快乐多了。然而现实并非如此，我们会因为没有豪华汽车而感到气馁，会因为买不起奢侈品包包而感到不快……

那么我们应该把互联网和朋友圈关了，回到自己的小池塘吗？

美国《国家地理》杂志报道过一件有趣的事情：养在鱼缸里的金鱼通常只能长到十几厘米，然而在 2013 年，美国生物学家从塔霍湖中钓起一条近 40 厘米长的金鱼，而且它还不是湖里的独苗，这让大家目瞪口呆。有些住户把不要的观赏鱼丢进湖里，这些小金鱼便自由繁殖，并且恣意长大，因为这里对小小的金鱼而言，食物充足而且天地宽广。内华达大学水生生态系统的专家认为，将来有可能会在塔霍湖看见更大的金鱼。

更广阔的池塘的确使我们感到气馁，但是同时也促进了我们的迅速成长。

在互联网时代，每一个人都不可能单独生活，或者只活在一个封闭的小圈子中，因为我们随时随地能得到别人的信息。如果把时间倒退三四十年，我们并不会在意和自己太遥远的事情，我们的收入只会跟身边的亲戚和邻居比较，大家的状况也差不多，并没有什么东西能激发人们强烈改变自身境遇的欲望。

然而今天已大不相同，我们没法回到自己的池塘，世界是彼此连通的大海。我们可以从各种渠道了解他人的生活，比如富人们的豪宅和游艇……在这个世界上，人和人的差距是如此之大。这种比较，会让我们的幸福感下降，但是另一方面，和塔霍湖的金鱼一样，我们得以拥有一个更大的世界，这个世界让我们努力变得强大。

在金庸小说《笑傲江湖》中，华山派放在整个江湖上来看只是个不大的池塘，令狐冲在这个池塘里幸福感很强，他不但是受同门师弟尊敬的大师兄，还有他喜爱的师妹。然而命运却把他推到了更大的世界，在这个武侠世界的沧海中，他既遭遇各种险境，又看见人性的险恶，同时也迅速地成长。

从个体而言，弗兰克说的是对的，在小池塘里我们的幸福感会更强，令狐冲也无时无刻不想着回到华山，和小师妹一起练习"冲灵剑法"。但是从更广阔的角度来说，大海的存在让每一个物种都不敢懈怠并更具进取心，竞争增加了整个社会的总体财富。而在武侠世界的沧海中，令狐冲也成了笑傲江湖的绝顶人物。

·摘自《读者》（校园版）2018 年第 1 期·

哪种知识最可靠

万维钢

《基督山伯爵》中有一个情节，读来真是让人无比神往。

主人公爱德蒙·唐泰斯被人陷害关进伊夫堡监狱，万念俱灰时，遇到一位世外高人——神甫亚伯·法利亚。唐泰斯立即被神甫的博学所折服，而神甫闲着也是闲着，竟决定用两年的时间，把自己的平生所学都传授给唐泰斯。

神甫的学问包括数学、物理和三四种当代语言。从唐泰斯出狱后算无遗策的表现来看，也许他还跟神甫学到了商业、法律、历史和政治。这些知识比中国武侠小说中的武功秘籍厉害得多，让唐泰斯脱胎换骨，简直凡是有用的知识他都会了。

谁不想拥有这样的学问？

可惜真实世界不是小说。就算现在有一本书，其中包括了人类目前所知的所有有用的知识，并且你真的能在两年的时间内把这本书中的知识融会贯通、运用自如，你出山后也会遇到麻烦。

你会发现原来书中的有些知识竟然不好使。原来吃大蒜不能降低胆固醇，维生素 E 不能预防冠心病，全球变暖并未导致巨大的灾难，金融危机却还是发生了。

人类所掌握的知识非常有限，哪怕是最好的学者花了很多钱进行了很深入的研究，结论也可能是错的。科学的最大价值并不在于固定的知识，而在于获得这些知识的方法。

话虽如此，我们总不能把什么知识都自己研究验证一番。那么面对"专家"说的各种知识，我们到底应该信什么，怀疑什么呢？

任何数学知识都绝对正确，不容置疑。这是因为数学研究的并不是我们生活的这个真实世界，而是一个纯粹由逻辑构成的、抽象的世界。在数学的世界里只要你定义清楚，只要你明确指出你承认哪些公理，只要你的推导过程符合规则，那么你证明了的定理就很难被推翻。我们甚至可以进一步说，凡是出发点正确而又是用逻辑推导出来的知识，就必定是正确的。

物理学的某些知识有可能是错的。这是因为物理学理论并非完全是逻辑推导和数学计算出来的，而是建立在实验的基础之上。我们手里没有这个世界的设计蓝图，一切只能摸索，猜错了非常正常。

虽然如此，现代物理学已经非常完备，它所需要的外部输入已经极其有限，剩下的都可以直接推算出来，所以物理学相当可靠。比如任何物理理论都要求所有东西的速度不能超过光速，然而前几年物理学家差点"发现"中微子的速度可以超光速！结果事后证明是个乌龙事件。如果一个非物理学的学者敢说他发现了一个物理学的错误，那几乎可以肯定是他错了。

化学、电子工程和机械工程等，虽然本质上都是建立在数学和物理学的基础之上，但是涉及的因素非常复杂且很难做直接的计算，需要更多的实验以获得参数。某些参数可能适用于这种环境而不适用于那种环境，这会给工程知识带来一些不确定性，不过仍然比较可靠。

到了生物和医学领域，因为整个系统变得越来越复杂，用数学推导已经变得不可能，我们只能几乎完全依赖实验。而面对这么复杂的系统，任何实验本质上都是盲人摸象。有些实验方法，比如说针对医药的大规模随机实验，得出的结论可能更可信。但总体而言，这些领域的知识的可靠程度跟物理、化学不可同日而语。

等到进入经济学、心理学和政治学这些领域，那可靠性就更低了。大多数经济学模型已经简化到几乎没用的程度，相当多的心理学研究论文根本无法重复。至于政治学，在很多问题上学者们连起码的共识都没有。

然而这些最不可靠的知识也是我们在日常生活中最有用的知识。到底该买哪只股票？小孩不听话怎么办？明知专家的建议不一定好使，还是得硬着头皮听。

但是作为聪明人，我们至少可以做到两点：

第一，既然专家的建议不一定好使，我们就千万不要执着于使用某一个特定的理论去做事，最好抱着都试试看的态度，这个理论不行就换另一个理论。

第二，如果有人像个神甫一样，充满自信地说他掌握宇宙真理般的理论，最好别理他。

经济学家买梨

流念珠

经济学家到菜市场逛，看到一个老农的梨因为卖得特便宜而遭到哄抢。老农剩的最后一袋梨被经济学家买走了。这袋梨五斤多，还不到八块钱，一斤才一块五左右。

经济学家看了看，梨的卖相很糟。他拿起一个咬了一口，点点头，然后又摇摇头。之后，他一直在叹气。

老农问："别人买我的梨都高高兴兴的，你怎么叹起气来？你摇头，是觉得我的梨长得太丑了？"

经济学家说："不，我摇头，是因为它的价格。超市里的梨卖相好，一斤四五块钱；你的梨却因为卖相糟，一斤才一块多钱。可实际上，超市里的梨根本比不上你的梨甜。许多品质好的商品仅仅因为卖相不佳只能贱价处理。作为卖者，你是否感到过无奈，甚至悲哀？"

老农听了摇摇头，然后乐呵呵地笑起来。

他说："梨树赐我这么多梨，我高兴都来不及，怎么还会在意它们的长相？梨丑，我就便宜一点卖，少卖几个钱又不会掉一块肉。顾客得了实惠买了梨，回家一尝，发现梨居然很甜，心里就高兴。梨呢？要是它也像人一样有心理活动，那么它也一定很高兴，因为虽然长得丑了点，但还是有很多人喜欢它！"

老农的这番话，居然让原本想分析一大堆经济学道理的经济学家瞬间沉默。经济学家突然觉得老农比自己更懂经济——自己把买卖看成不公平的市场规律，被买卖驾驭；老农却把买卖看成生活的乐趣，驾驭买卖。

·摘自《读者》（校园版）2017 年第 10 期·